迷宮

「三大未解決事件」と
「三つの怪事件」

沖田臥竜

CYZO

はじめに

調べていくと、「これ以上は知ってはいけないのではないか……」と、ゾクゾクとした恐怖に似た感覚に襲われることがある。というのも、点と点がつながって驚くべき線を描く瞬間というのがあるのだ。パンドラの箱を開けてしまったときに湧く感情とは、こんな感じなのだろうか。

だが、さらにそこから先、膨大な資料に目を通して、丁寧に取材し、真実を追究していくと、その線はおぼろげになり、その後、はかなくも消えていって、迷宮へと行き着いてしまうことも多い。そういう事件が、未解決事件ということになるのではないだろうか。

実際、資料を読み漁り、当時の事件を追っていた人々に話を聞く中で、「もしかして真相はこうでは?」と思う瞬間も何度かあった。実際、その推理を、現時点で明らかになっている事件の詳細と照らし合わせてみると、ピタリとハマったこともあった。

だが、事実か否かを検証しようとすると、長い月日という時間の経過がそこに立ちはだかることになる。それだけでなく、どれだけ現地に赴いて聞き込みや取材を行っても、やはり「そうかもしれない」という可能性をつかめるだけで、それを否定する要素も残ってしまい、潰しきれなかったりするのだ。

つまり、結局のところ、憶測の域を出ないのである。それはまるで迷宮内を彷徨《さまよ》っているようなものだ。

※

私と未解決事件の出会いは、17歳のときにさかのぼる。1993年7月7日、19歳の少女が、当時の私の地元だった兵庫県尼崎市内で刺殺された上、閉じ込められていた車に火を放たれるというショッキングな事件が起きたのだ。

ひと学年上となる少女と、私はまったく面識がなかった。事件は大きく報道される一方で、SNSもまだなかった時代の街の噂では、少女は地元で暴走族をしている不良集団に殺害されたのではないか、と囁かれていた。

噂の根拠としては、地元警察が尼崎の不良少年たちに聞き込みをしていたという事実があって、その話が広がっていたからだ。暴走族だった私のところにも刑事が2人やってきた。

そのとき、刑事から数枚の写真を見せられた。そこに写っていたのは、30代後半だろうか、パンチパーマのガラの悪い人物だった。それを見たとき、無知で世間知らずだった少年時代の私でも、警察が追っているのは不良少年ではなく、この中年男性だということは推測できた。

当時の報道も不良少年が疑わしいとしていたので、そのときに、報道にしろ街の噂にしろ、表面的なものであり、実際の警察の捜査とは、世間の動きとまったく関係なく、しっかりと進められているのだと知ったのだ。

ちなみに、この事件も未解決のまま、２００８年に時効を迎えている。あの中年男性は何者だったのだろうか。

自分自身が未解決事件の捜査の一場面に遭遇できたことは、ある意味で、衝撃的な体験であった。そこからだろうか。世間を震撼させたオウム真理教事件、スーパーナンペイ事件、世田谷一家殺害事件といった凶悪事案が世間を騒がすたびに、テレビに釘付けとなり、のちに出版される関連本を読み漁るようになっていく。

一方で、全容が明らかになっていない事件で、まだ誰も触れていない部分を自分なりの解釈や推理で埋めていく作業に強い興味を持つようになった。

ただ、記憶を辿っていくと、さらなる原体験があったような気がする。私が小学生のときに起きたグリコ森永事件である。

「かい人21面相」を名乗る犯人グループからの手紙が新聞で取り上げられるたびに、小さな胸をドキドキさせながら、事件を報じる紙面を切り抜いていた。それを小学校の教室の壁に貼り、休み時間になると、隅から隅まで何度も読んでは、友人たちに事件や犯人像の解説をしていたのである。

まだ小学生だったので、うまくは表現できなかったが、誰も見たことがない犯人の心理にひどく興味があったのだ。どういう経緯で事件を起こし、現在はどういう心理状況で社会の裏で生息しているのか――。

今でも未解決事件に接すると、そうした点が気になってしまう。未解決事件に関して興味を抱くポイントは、今も昔と変わっていないと言えるだろう。

※

私が今回、未解決事件について書くきっかけとなったのは、Aさんとの出会いである。Aさんは、警察の捜査情報や報道事情にも詳しい人物だが、ここではその身分を明かすことができない。

そのAさんを紹介してくれたのが、大手週刊誌の私の担当者で、次の編集長との呼び声が高い人物だ。さらに、この担当者を紹介してくれたのは、有名企業の社長で、その人とは、たまたま一緒に出演したテレビ朝日系列のある番組で出会ったのだった。

番組収録後、社長から食事に誘われ、意気投合し、次の編集長と評される人物を紹介してもらったのだ。

その後、私が上京すれば、3人で集まり、酒を飲むようになった。そんな中で、「信頼できる人がいる」と紹介されたのが、Aさんであった。

Aさんもかねてから未解決事件には深く興味を抱き、知識や情報を持っていることがわかった。そこから、私とAさんは、二人三脚で本書を作り上げていくことになる。

つまり、テレビ出演がなければ、この本を書くことはなかったわけである。ちょっとした偶然が、一冊の本という結果を生み出したのだ。

きっと未解決事件捜査の裏側にも、偶然から始まる人と人のつながりや、偶発的な出来事の連鎖があったはずだ。

※

本書には、三大未解決事件といわれる「世田谷一家殺害事件」「スーパーナンペイ事件」「柴又・女子大生放火殺人事件」のほか、死者44人を出しながらいまだ謎の多い新宿・歌舞伎町ビル火災、それに仮に捜査が動き、報じられるようになれば世間が大きく注目するであろう、まだ知られていない未解決事件についてもレポートした。

また、時効が撤廃されたことで、16年の歳月を経て、突如解決することになった未解決事件についても、その経緯を辿ってみた。

これらの事件を書くにあたり、これまで語られなかった事実や、その裏側も追い続けた。だが、それが事件解明の手掛かりになるなどと、大それたことを言うつもりはない。

日本の警察が総力を挙げて捜査を進め、それでも犯人を検挙できていないのだ。あくまで傍観者でしかない我々が、そう易々と、未解決事件の犯人が誰だと断定することなどできないことは理解してもらえるだろう。

「調べれば調べるだけ、わからなくなる」

私と二人三脚で本書を作ったA氏が、最初に言った言葉だ。私も本書を執筆しながら、最終的には、同様の境地に達することになる。

※

本書は、「未解決事件の真相に迫った」ことを売りにする、これまでに書かれたすべての書物を否定する。

警察のやり方を批判し、勝手な推理をし、事件の真相に迫ったと豪語する内容は、確かに読む分には面白いかもしれない。だが、その本の著者が言うように、本当に「真実なるもの」が書かれているかといえば、答えはノーである。

理由は単純である。犯人が逮捕されていないからだ。

本書は、安易に「未解決事件の真相に迫った」などとうたうことはしないが、警察の捜査情報や報道事情も踏まえて、それぞれの事件でわかっていることをまとめたものである。

沖田臥竜

令和2年夏

目次

第2章　足立区強盗殺人事件…………27

第3章 歌舞伎町雑居ビル火災

第4章 世田谷一家殺害事件

第1章

文京区変死事件

——再捜査を開始するも
被疑者が大物の妻となっていて
迷宮入り

事件当時に下された判断は「自殺の線が濃厚」

それは2006年4月のある朝の出来事だった。東京都文京区に暮らすA子から「夫が死んでいる……」と110番通報が入ったのである。

警視庁大塚警察署の署員が駆けつけたところ、確かにA子が言うように、1階のリビングでは、A子の夫であるBが首から血を流して死んでいた。

そばには血のついた包丁が1本あった。そして遺体となったBの首からは血が流れていたのだ

2006年4月の事件の際、大塚警察署の署員が駆けつけた(写真は大塚警察署)。

った。頸動脈が刃物で切られていたのである。

警察署員が駆けつけた際、A子はひどく動転していた。それはそうだろう。起きて1階のリビングに降りてきたら、夫のBが首から血を流して死んでいたというのだ。A子ではなくとも誰だって、動転するはずだ。

ただ、私ならこの状況に漠然とした疑問を抱く。

「なぜ先に救急車を呼ばない」

夫が血を流して倒れているのだ。普通は慌てて「あなた大丈夫?!」と横たわるBに駆け寄り、とにかく１１０番ではなく、１１９番に通報しないだろうか。つまり救急車を呼ぶのが普通ではないだろうか。

話は飛ぶが、私もそういう場面に直面したことがあった。それは9年前のこと。私の携帯電話にひどく慌てた声で知り合いから連絡が入り、「包丁を持って暴れている！」と言うので、着の身着のまま呼ばれた現場へと大急ぎで向かったのだった。

その場所は、当時住んでいたマンションから徒歩でわずか5分ほどのところだった。砂壁には飛び散った血がべっとりとつき、畳の上で横たわる知人は血の海の中で、ピクリとも動く気配がなかった。

私は思わず言葉を失った。凄惨な光景に私は絶句したのだ。

その知人とは、つい数時間前に別れたところであった。目の前の現実がまるで、別世界のように私の目には映った。

すぐさま我に返った私は、「救急車を呼べ！」と声の限りに叫んでいたのであった。体に触れなくとも、目の前の知人が殺されていることは一目で理解できた。それでも「救急車を呼べ！」と叫ばずにはいられなかったのだ。

そしてすぐに救急隊員が駆けつけてきたのだが、救急隊員も横たわる知人を見て、すぐさま動きを止めて、粛々と知人を運び出す用意をし始めたのであった。

救急隊員は決して慌ててはいなかった。ただ粛々と運び出すための準備をしていたのだ。

なぜ慌てていなかったのか。それはすでに一刻を争う事態を過ぎてしまっていたからだ。私も彼らが知人の遺体を運び出す頃には、冷静にパトカーのサイレンが近づいてきていることを理解していた。

私の過去の話を持ち出したが、もちろん人がとる行動は様々である。A子が仰向けに横たわるBを見てもうダメだとあきらめ、110番を入れたことも、特段、不自然ではない。

司法解剖の結果、Bの死因は首からの出血が致命傷になった失血死で、血液中からは覚醒剤の成分が検出された。

このBはなかなかの人物であった。実は知人らからも借金を重ねており、暴力団関係者の中には「Bに300万円を貸していた」と話す人物も存在していた。血液から検出されたように、覚醒剤の常習者であったことも後に判明している。

その背景からみても、当時、風俗店の店長だったBは、トラブルの渦中にいた可能性があったと推測できるだろう。そして警視庁が事件当時に下した判断は「自殺の線が濃厚」というものであった。そうした一定の判断があれば、それ以上の捜査は行われない。

ただ、事件性がまったくないと結論づけていたわけでもない。自殺と断定するだけの証拠もなかったからである。その結果、捜査書類は検察庁に送られることなく、警察署のロッカーに長く埋没することになった。

当然、当時はマスコミなども報道していない。仮にBの死が何らかの事件の末に起きた出来事であったとしても、当時であれば大した注目を集める要素はなかっただろう。

だが2018年夏、この事件は突如として動き出す。警察署のロッカーに埋もれていたはずの捜査書類が取り出され、捜査が再開されたのであった。

そして捜査員らは、小さい扱いだったはずのBの死が、もしも他殺ならばそれでは済まないことに気づかされていくのであった。

ある刑事の直感で再捜査が始まった

事件から12年後、ロッカーの中に埋没していた昔の捜査書類を見返している中で、1人の刑事がBに関する捜査書類に目を留めた。何かが引っかかったのだろう。

書類からは発生当時、警察として自殺に判断が傾いていた経緯が読み取れたはずだ。だが、刑事の直感が働いたのだろう。

「果たして、死の結末として自殺を選択する際、右の頸動脈をひと思いに切るという手段を取るだろうか。確かにやってやれないことはないだろう。しかし……」

その刑事の直感が再捜査の始まりであった。

事件をもう一度細かく見ていきたい。Bが自宅1階で倒れているのを発見し、110番通報したのは、妻のA子である。

当時、A子は銀座のクラブに勤めていた。BとA子には2人の子供がいたが、A子にはBとは別に親しくしていたCという男が存在していた。

「夫が死んでいる」と110番通報を入れたA子だが、このときCにも電話をかけ、自宅に来てくれるよう頼んでいた。

関係者として登場するのは、亡くなったB、妻のA子、それからA子と親しい間柄にあったCの3人だけだ。捜査書類の中には当時このCがBを殺害したのではないかと怪しんで調べた形跡もあった。だが結局、逮捕の決め手となるような供述や証拠は出てこず、「自殺の線が濃厚」としながら放置されていたのである。

しかし12年後、これらの経緯に疑問を抱いた刑事は、上司に再捜査を上申した。そして捜査は再開され、Cについても調べたところ、すぐにCの所在地が明らかになった。

Cは宮崎県にいたのであった。ただ娑婆《しゃば》ではない。宮崎刑務所で服役中だったのだ。だからこそすぐに、Cの所在地を洗えたのだった。

このとき、CはBの死とはまったく無関係な覚醒剤取締法違反事件で実刑判決を受けて、宮崎刑務所に服役していた。そのため、捜査を再開させた捜査員らは、宮崎刑務所のCのもとまで取り調べに向かったのだった。

宮崎刑務所内にある取り調べ室。そこでCは、はるばるやってきた捜査員に、こう話したのであった。

「実はあの日、A子から『夫を殺してしまった』と連絡を受けて現場へ行った」

A子が夫のBを殺害した、と言い出したのだ。やはりBの死は自殺ではなく、殺しだったのだろうか。

いずれにしても重大な証言である。捜査員らは、殺人事件の疑いが強まったとして、その旨を警視庁捜査一課に報告。ここから、本格的な捜査に入るのであった。

だが、もう12年も前の話である。すでに現場もなければ、Bの遺体も残されていない。なおかつ、鍵になったのは覚醒剤の使用で刑務所に服役中のCの証言だ。無防備に乗っかるには、あまりにも危ういと言えるだろう。

そこで今度はA子の所在を洗うことになった。Cの供述が事実かどうか、A子に直接ぶつければよいのだ。ただ、そこには思いもよらない展開が待ち受けているのであった。

A子はBの死後、しばらくして再婚をしていた。その再婚相手が、ある業界の大物とも言える人物であった。

もちろん、その人物は事件に何も関係していない。それどころか、そんなA子の過去など知りもしなかっただろう。

だが、これは警察にとってはやっかいなことであった。その人物の妻になっていたため、Cの供述の信憑性もわからないまま、A子を殺人事件の容疑者として、そう易々と取り調べができる状態ではなくなってしまったのだ。
この捜査は慎重を期する案件となったのだった。

A子が認めなければ逮捕できない

結論から先に述べよう。Bの死が事件として立件されることは、まずないだろう。単純な話だ。それだけの証拠が残っていないからだ。

だが、万が一にでも事件として、誰かが逮捕されようものなら、事態は大きく揺れることになる。それを危惧したのが、絶大な影響力を持つある大物であった。

A子がBの死に本当に関与しているかどうかは別として、A子にそうした疑いがあるだけでも問題だったのだ。それほどまでに、現在のA子の立場は、普通の立場ではなかった。

少し乱暴な言い方をすれば、客観的に見ても、事件が起きた当時のA子は男運がすこぶる悪かった。それはそうだろう。前の夫だったBは血液中からは覚醒剤が検出され、風俗店の店長をやりながら、暴力団関係者らに借金があるような人物だ。

Cについてもそうだ。再捜査が開始された際、Cは覚醒剤の使用で宮崎刑務所に服役していたのである。この人間関係を見るだけでも、A子の男運がよくなかったことが理解できるのではないだろうか。

だが、そこからA子の境遇は、そんな過去などなかったかのように一転する。ある社会的にも立派な人物と知り合い、それまでの人間関係が清算できているのだ。

A子は、絵に描いたような玉の輿に乗ることができたのである。幸運とさえ言えるだろう。苦難を乗り越えて、幸せになることができたのだ。それは素晴らしいことでもある。ただ、それはあくまでBの死に関与していなかったらの話なのだが……。

捜査は2018年に再び開始されたのだが、刑事たちが関係者にいくら話を聞いても、事件に直結するような証拠は得られなかった。つまりCの「実はあの日、A子から『夫を殺してしまった』と連絡を受けて、現場へ行った」という供述を裏付けることができなかったのだ。

しかし警視庁捜査一課はあきらめなかった。同年秋になってからA子の実家に家宅捜索をかけたのである。

その際、A子に任意同行を求め、供述を引き出そうとしてもいる。なにせ、Bの遺体もなければ、現場もすでに残されていない。その状況下で、勝負に打って出たのである。

このとき、捜査は秘密裏に進められていたのだが、捜査一課のただならぬ動きを敏感に察知した某テレビ局があった。捜査一課が何か重要な事件を追っていることに、気がついたのだ。それも小さなヤマではない。

このテレビ局はすぐに、警視庁捜査一課の動きに合わせ、A子の実家に家宅捜索がかけられた際、現場にカメラを設置させた。これは捜査一課幹部の逆鱗《げきりん》に触れてしまうことになるのだが、追う側、追われる側、それを取材する側にはこうした攻防が必ず存在する。

だから、テレビで流される映像だけを見て、メディアがどう、マスコミがどう、警察の捜査がどうと、簡単に批判できるものではないのだ。

とにかく、そこまでして勝負を賭けた家宅捜索であったが、警察がA子から供述を得ることはできなかった。逆にA子には否認され、ガードを固められてしまうことになったのであった。

その後も捜査一課はA子に対して再三に渡って任意の事情聴取を求めている。あくまで任意である。強制ではない。

ただ、A子は一貫して否認の主張を変えることはなかった。このとき事件のことを知るのが、大物であるA子の夫である。

当然、警視庁はA子の夫が何者かは知っている。ゆえに、この情報は警察内部でも最高幹部まで報告され、話は警察庁にまで回っている。そして、警察庁経由で、ある超大物の知るところとなった。この超大物は、A子の夫が身を置く世界では〝影のドン〟ともいわれるような、政財界に顔がきく人物だ。

報告を受けたその超大物は、仮にA子が逮捕された場合にA子の夫が受けるダメージを考えた。

この超大物にとって、A子の夫は自身の部下のような存在だ。いくら事件とは無関係とはいえ、仮に妻が殺人容疑で逮捕されるようなことがあれば、イメージ的にはまずい。

おそらく、問題が表沙汰になる前にA子と離婚するよう勧め、裏から手を回して捜査自体を止められないかを考えただろう。しかし、現在に至るまで、2人が離別したという話は聞かない。

そして現在も捜査一課はA子の立件に向け、あきらめずに捜査を続けている。結局のところA子を逮捕するには、A子が認めるより他にない。

そのA子が一貫して否認しているのだ。捜査は難航していると聞く。

嘘のような本当の話だが、これも未解決のまま残っている一つの事件の話である。

第2章

足立区強盗殺人事件

——犯人の証言で
わかった
衝撃の動機と詳細

めった刺しされ、殴り殺された男性

「秘密の暴露」とは法律用語である。犯人しか知り得ない現場の詳細や状況を供述することをいう。「秘密の暴露」があると、自白の信用性が高まるとされる。

2018年12月8日の深夜。師走に入り慌ただしくなり始めたこの時期に、何の前触れもなく突然、1人の男が浅草警察署へとやってきた。

「人を殺したことがばれたので出頭した」

発生以来、一向に有力な容疑者が浮上しないままコールド入りする（凍結される）ことになっていた未解決事件、「東京・足立区島根二丁目アパート内強盗殺人事件」が16年の時を経て一気に動き出した瞬間であった。

ここで紹介するのは、長く未解決でありながら、発生から16年後に解決を見たある事件の話である。未解決事件を語るとき、その話がどんな顛末《てんまつ》になろうとも、結局は犯人が何者なのかはわからず、その事件が一体何だったのかは謎の中にある、というものになってしまいがちだ。それが未解決という意味だから当たり前なのだが。

そこで、この事件である。数多《あまた》ある未解決事件の中には、こういうこともあるのかと思ってもらいたい。事件が起きたのは２００２年12月22日のことである。発覚したのはその日の午前11時55分頃であった。

場所は、東京都足立区島根二丁目のアパート「レオパレス西新井ミヤマ」の一室である。その部屋に1人で住む会社員、成嶋健太郎さん（23）が両足首を電気コードで縛られて、床の上に倒れているのが発見されたのだ。

現場が凄惨なものだったことは容易に想像がつく。遺体には顔や額、背中に複数回、刃物で刺された傷痕が残されており、頭は鈍器で強く殴打されたような形跡があったのだ。

室内には飛び散った血痕が多数残されてもいた。その様子を最初に見つけたのは、こともあろうに成嶋さんの姉であった。その心痛はいかほどであったか。

司法解剖の結果、直接的な死因は、頭部を強く殴られたことによる脳幹部挫傷であった。拳ではなく何らかの鈍器で殴られたような傷跡だった。

そして、現場の室内からは成嶋さんの財布がなくなっていた。明らかな「強盗殺人事件」だった。凶悪犯罪である。

こうした現場の状況から、警視庁捜査一課はすぐさま強盗殺人事件として、西新井警察署に特別捜査本部を設置する。だが捜査が大して進められることはなかった。成果がほとんどなかったのである。

そして、そのまま進展を見せることもなく、数カ月で捜査班は別の事件へと転戦することとなった。つまり、事件は未解決のままコールド入りすることになっていくのである。

警察署を訪れた人物は事件について語り始めた

さて、ここで冒頭の2018年暮れの場面に戻る。突如として警察署を訪れ、「人を殺したことがばれた」と言い始めた男の話である。

精神疾患がある人で「人を殺した」などと突拍子のないことを言い出す人は、しばしばいるといわれている。自分が「人を殺した」という妄想を抱く症状があったとしても不思議ではない。突然、警察署に来る人の中には、話のつじつまが合わなかったり、脈絡なく一方的に話し出したりする人物は少なくない。

アルコール依存症のような人はしばしば訪れるし、中には寂しさから警察署員を話し相手に選んで、話を聞き続けてもらうためにそうした事件を起こしたという話を持ち出す者もゼロではない。

このときに対応に当たった宿直の警察署員も、最初はそうした人物かもしれないと考えていたのではないだろうか。もしそうであれば、いくら宿直の当番とはいえ長々と話し相手になるわけにもいかない。こなさなければならない仕事はいくらでもあるのだ。

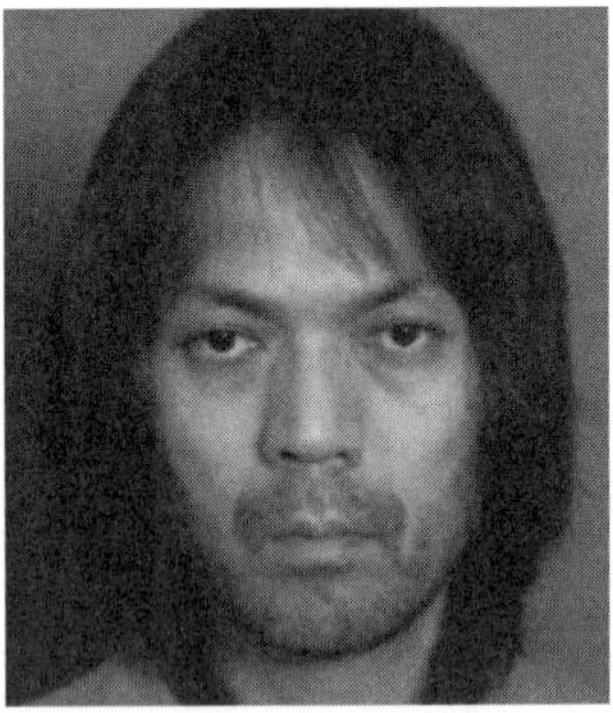
警視庁本部に突然出頭した平田信

ただ、警視庁には苦い経験があった。警察に来ていきなり突拍子もないことを言い出した男を追い返し、痛い目に遭ったことがあるのだ。

それもまた、年も押し詰まった2011年12月31日深夜のことであった。東京・桜田門にある警視庁本部に、当時オウム真理教事件で全国に指名手配されていた平田信《まこと》容疑者が突然出頭したのである。

「自分は平田信です」

その男の話を、本部の正面玄関に警棒を持って立っていた警察官は真に受けず、「丸の内警察署に行ってください」と追い返してしまった。まさか重大事件の指名手配犯が、大晦日に突然、出頭してくるとは思わなかっただろうし、真に受けろという方が酷であったかもしれない。だが、その男はまぎれもなく平田信本人だったのである。

追い返された平田信はこのとき、言われた通り600メートル離れた丸の内警察署に自ら出向き、そこで本人と確認された後に逮捕されることになった。大ニュースとして報じられるのだが、一方で一度警察官が追い返していたことも露見してしまい、問題視されたのは言うまでもない。

このとき、平田信が警視庁本部から丸の内警察署まで自ら行ったからよかったのである。その間に翻意して逃げていたら、せっかくのチャンスを、警察は逃すことになったのだ。

そんな経験が警視庁にはあったのである。

話を足立区の事件に戻そう。浅草警察署では、訪ねてきた男が「人を殺した」と言っているので、一応、淡々と男の話を聞くことにした。大半は頭がおかしい人物だとしても、「万が一」正しいことを言っていたら、男を追い返すことは大失態になる。

このときの浅草警察署員の脳裏に、平田信の経験がよぎったかどうかはわからないが、男の話す中身がおかしいかどうかは、もう少し話を聞いてから判断すればいいと、その警察署員も考えたのだろう。

そうして話を聞いたところ、男が話す内容は、２００２年に足立区・西新井で発生し、その後に捜査が凍結されていた強盗殺人事件に関するものであった。

16年前の発生時には報道こそされていたが、大事件として世間を賑わせたわけではない。また、浅草警察署としては自らが扱っている事件でもない。おそらく最初に話を聞いた警察署員もその事件のことは知らなかったのではないだろうか。

だが、淡々と男の話を聞いていた宿直の署員は、次第に真剣に耳を傾けることになる。なぜならば、男が話す内容が指し示す事件は調べてみると実際に起きていたことがすぐにわかったからだ。

そして、話の中身は、明らかに事件に関与している者が話す内容だった。

警察署には、緊急事態に備えて必ず刑事も泊まり込んでいる。署員から報告を受けた刑事課が、今度は男の対応に当たることになった。そして、男の話を聞いた刑事課の署員は思ったことだろう。

「これは、もしかすると本人じゃないのか」

そして、浅草警察署は、すぐに本部の捜査一課に報告することにした。

報告を受けた捜査一課も驚いたことだろう。なにせずっと捜査を続けてきた事件ではないのだ。長い間、「コールド入り（凍結）」してきた事件だったからだ。

だが、実際に1人の男がその事件の話をしているという事実を前にして、未解決事件を担当する捜査員らは、ざわつき始めることになる。

「秘密の暴露」はあったが、精神状態が異常だった

このとき、浅草警察署に突然やってきた男は、風俗街「吉原」で知られる台東区千束4丁目に住む川瀬直樹（47歳）という男であった。仕事について聞くと、無職であるという。

過去の事件への関与を突然話しに来た川瀬の身柄は、日付の変わった12月9日に浅草警察署から、この事件を所管していた西新井警察署へと移されることになる。そこで、本部・捜査一課の中で未解決事件を担当する部署の捜査員による本格的な取り調べが始められることになったのであった。

そして、「もしかすると……」という当初の感覚は、すぐに「間違いない」という確信に変わっていくことになる。事件に関与した者でないと口にできない内容が、川瀬直樹の話に含まれていたからだ。犯人でなければ知り得ない話、「秘密の暴露」がそこにはあったのだ。

「大変なことになった」

警視庁にとっては、16年前の事件を一気に解決へと向かわせる強運な展開となったわけだが、このとき、捜査一課は決して急がなかった。すぐに川瀬を逮捕する選択をしなかったのであった。

理由は二つあった。一つは、川瀬直樹が自分から出頭してきていて、特段逃げそうな状況になかったから。そしてもう一つは、突如として警察署を訪れて自供するという行動を取った川瀬に責任能力があるかどうかをきちんと調べるためであった。

事件は確かに暗礁に乗り上げて、16年前にコールド入りしていたはずだった。だが浅草警察署にやってきた川瀬直樹は、「人を殺したことがばれたので出頭した」と話していたのだ。

浅草警察署に突然やってきた川瀬直樹（画像はYouTubeより）

迷宮入りしていたはずの事件が、「ばれている」というのである。どういうことか。実は川瀬は、精神を病んでいたのだ。

そこで警視庁捜査一課は、慎重を期する判断を迫られることになった。問題視されたのが川瀬直樹の異常な精神状態であった。

川瀬は解明されていなかった事件を「ばれたので出頭した」と供述したわけだが、任意で調べられている際、他にもこのような供述をしている。

「誰かに頭の中を覗かれている」

「15年くらい前に若い人を殺したが頭の中を見られて殺人がばれてしまった」

そもそもこれが突如として出頭してきた理由なのだが、明らかに異常ではないだろうか。少なくともそう思われても仕方のない供述である。

だが、川瀬直樹が「単なるおかしな男」と見なされなかったのは、前述したように事件現場の状況を詳細に説明し、自らも「自分が殺した」「死刑になるかもしれないと思った」とも話していたからだ。

事件発生当時、島根二丁目アパート内強盗殺人事件自体は、メディアでも報道されている。なので16年前とはいえ、事件そのものを知ることは犯人ではなく、第三者であったとしても可能ではあった。

ただ川瀬直樹の供述には、これまでまったく報道されていない現場の詳細や、犯人でしか知り得ない「秘密の暴露」があった。

つまり、おかしなことも口にする一方で、もっともな内容もその話には多くあったのである。

完全におかしな男というわけではなかったが、警視庁としては、万全を期して川瀬直樹を逮捕するためには、川瀬が逮捕できるだけの健康状態でなければならないと考えた。

そして、後に裁判が開かれることになったときに、「精神に異常を来していたことによる責任能力の欠如」などと判断されて無罪になることがあってはならないと考えた。

この時点で警視庁捜査一課は川瀬直樹を、島根二丁目アパート内強盗殺人事件の犯人であることは、ほぼ間違いないと断定している。そのため、警視庁は川瀬に治療を受けてもらい、医師が「問題ない」と判断できる精神状態になるのを待って逮捕しようとしたのである。

警視庁は、川瀬直樹の治療を待つ間、並行して別の捜査を進めることにした。逮捕の根拠が本人の供述だけでは心許ないからである。

確かに前に説明した通り、「秘密の暴露」があると、自白の信用性が高まるとされる。「秘密の暴露」があれば、供述だけでも容疑者とすることは十分に可能である。だが、そこに物証があればさらに確かさが増すだろう。

そこで、川瀬直樹の他の供述が実際に間違いのないものなのかを確かめる作業に乗り出したのだ。

技術が進歩したおかげで検出できた指紋と一致した

結論からいえば、捜査を進めてすぐ、現場に残されていた指紋と川瀬直樹から採取した指紋が一致し、川瀬が容疑者であることはほぼ間違いないと確信されることになった。これにより、一気に事件は解決に向かって加速していくのであった。

この指紋については、未解決事件ならではの背景も存在している。実は事件発生当時、この指紋は、現場から検出できていなかったのだ。

事件現場には、凶器として使用された包丁を包んでいたと思われる紙が残されていた。事件直後の捜査でも、現場に残されたこの紙に犯人が直接触れた可能性が高いと考えられ、様々な鑑定が試みられている。

しかし当時の技術では、その紙から指紋を検出することはできなかった。当時の鑑定では、あくまで「指紋様《よう》のもの」とされたのだ。つまり、「指紋と思われるもの」としかわからず、指紋自体は「不検出」とされていた。

では、川瀬直樹の指紋と一致した指紋は何から得られたものだったのだろうか。それは科学技術の発達が導いた成果であった。

事件が起きてから10年以上が経ち、指紋検出技術が進歩していたのだ。事件直後の捜査では指紋が検出できなかった、包丁を包んでいた紙を、２０１４年に新たに導入された機械で調べたのだ。その結果、指紋鑑定に必要な特徴点12点すべてを検出できる指紋を得ることに成功したのである。

指紋検出技術が進み、当時は採取できなかった指紋を検出することができたのも、先にも述べたように未解決事件だったからだろう。

そして川瀬直樹が出頭してすぐに指紋が一致したのには、もう一つの経緯も手伝っている。それは事件が発生した2002年、同じ年に川瀬には窃盗の前科があったのだ。つまりは、川瀬の指紋は警視庁のデータベースに残されていた。

2014年の機械導入時点で、現場に残された紙を調べることはなかったため、川瀬直樹は捜査線上に浮上してこなかった。だが、こうして本人が出頭してきたことで、データベースに残されていた川瀬の指紋と現場で押収していた紙から検出された指紋をすぐに照合し、一致させることができたのだった。

ということは、こうも言える。どこかの段階で後に検出された指紋と警視庁のデータベースを照合させれば、川瀬は出頭してこなくても、捜査線上に浮上してきたことになる。

いずれにしても、こうして警視庁は「秘密の暴露」という供述証拠と、指紋という揺るぎない物的証拠を確保することができた。そして川瀬直樹本人については、ほとんど警察の監視下に置いているとも言える精神科病院へ入院させていたのだ。

こうした背景により、警視庁としては、逮捕がいつでも可能な状況が整ったわけである。そう、あとは川瀬直樹本人の精神が逮捕可能な状態になるのを待つばかりである。そればかりは警察の能力ではどうにもならない。

必要なのは治療であり、医療は警察が担うところではないからだ。

心神喪失や心神耗弱とされる可能性があった

話は変わるが、ある捜査員が私に対し、過去にこう語ったことがあった。

「取り調べ中にうなされて、寝られない、ここの留置場はお化けが出る！　お化けが出る！　と毎日、取り調べ室で話すんや。事件が事件やっただけに、罪の意識から見えへんもんが見えたのかもしれんな」

こうしたケースは珍しいことではない。犯した罪による罪悪感から否認を一転させて、自供し出す被疑者も存在する。

罪を犯すというのはそういうことであろう。誰もが罪を犯した後も平気な顔をして生きていけるわけではない。

誰にでも良心というものはあり、罪を犯せば、良心の呵責《かしゃく》に悩むのは人の常ではないだろうか。犯した罪が重ければ、ましてや人の命を奪うような行為に及んでいれば、良心の呵責から精神のバランスに支障を来すこともあるだろう。その結果、こうした幻覚を見たり、幻聴を聞いたりすることがあっても不思議ではない。

川瀬直樹も良心の呵責や罪悪感に苛まれて、自ら浅草警察署を訪れたのだろうか。いや、川瀬の場合は多分そうではないだろう。

これも川瀬の出頭後に判明することになるのだが、事件当時の川瀬には精神科への通院歴があった。その当時には「不安神経症」という診断も出ており、カルテには「ちょっとした物音が気になる」「眠れない」などの症状が書き込まれていた。

つまり、捉えようによっては事件当時、精神に異常を来していたわけである。こうした事実が刑事事件の責任能力と関連づけられ、裁判の結果、無罪となるケースが実際にある。

2018年6月、神奈川県茅ケ崎市の自宅で父親を包丁で刺して死亡させ、母親に対しても包丁で切りつけケガを負わせる事件が起きた。傷害致死と傷害に問われた女性の裁判員裁判が開かれた。その判決では、この女性の行動は「妄想に支配された、やむを得ない行動」と認定され、2020年3月19日に無罪が言い渡されている。

女性が両親に対してとった行動や、それにより父親を死なせたという事実は認定されたにもかかわらずだ。心神喪失を理由に、一審では人を死なせた行為が無罪となったのである。

犯人が精神状態に異常を来している場合、警察にとって絶えず立ちはだかるのが心神喪失や心神耗弱となる。つまり川瀬直樹の場合も、心神喪失や心神耗弱とされる可能性は十分に考えられたのである。

そもそも、逮捕後に身柄の拘束に耐えられると裁判所に判断されなければ、川瀬の逮捕状そのものが発行されない可能性もあった。だからこそ、警視庁は川瀬をすぐに逮捕しようとはせず、まずは川瀬自身に入院するよう説得することからスタートさせたのだ。要するに川瀬を囲ったのだ。

こうして警視庁は実質的な監視下で、川瀬直樹を精神科へと入院させて治療に専念させる。そして、正常な判断が可能と医師の診断が出た時点で、その医師の鑑定書を証拠として揃えた上で、川瀬を逮捕する方針を選択したのであった。

ドアホンを片っ端から押していった

川瀬直樹を精神科へと入院させて治療を受けさせることに成功した警視庁捜査一課は、並行して、当時から現在に至るまでの川瀬の足取りや裏付け捜査を進めていった。なにせ事件直後の捜査を含めてこの16年間、川瀬は一切捜査線上に浮上してきたことがなかったからだ。

捜査の結果、まず判明したことは、川瀬直樹は２００１年秋から2年間、事件現場となったレオパレスからわずか１６０メートルしか離れていない場所に父親と2人で暮らしていたということである。事件直後に聞き込み等の捜査は行われたが、川瀬の存在はまったく把握できなかった。実際にはほんの近所に住む川瀬の犯行だったわけだが、わからなかった。

ただ当時、川瀬直樹はそこに住民票を置いていたものの、事件前後はその場所には帰っておらず、レオパレスから500メートル離れた場所で野宿していたようだ。そして、入院中に川瀬が承諾して行われた警視庁の事情聴取によって、事件現場となったレオパレスに川瀬自身の知り合いなどがいなかったことや、殺害した成嶋さんとも一切、面識などもなかったことがわかったのであった。

未解決事件を通して、驚くべきことがわかる場合がある。足立区強盗殺人事件では、16年ぶりにこのような形で容疑者が浮上し、逮捕という展開を経たため、ここで述べるように事件背景まで含めて明らかにでき、考察もできるわけである。

本書で取り上げる世田谷一家殺害事件や八王子スーパーナンペイ事件など、今もって未解決のままの事件ではそういうわけにはいかない。

驚くべきものの中で最たるものの一つが「動機」である。

「なぜこんな事件を起こしたのか」「なぜこの人を殺したのか」

結局のところ、未解決事件を前にして最も強く残る疑問はそこになる。もちろん現場の状況から金目当ての犯行だったのではないかなどと推察することは可能である。

だが、本当になぜそこまでして、という部分は犯人が捕まらない限りわからないのである。ではこの足立区強盗殺人事件で、川瀬直樹の目的は何だったのか。

川瀬が入院中、警視庁が淡々と捜査を進める中で行った聴取で、川瀬はその答えを述べている。口にしたのは、恐ろしい内容であった。

川瀬直樹は「空腹と寒さに耐えかねていた。包丁を片手に片っ端からインターホンを押して人を襲って、金を奪おうと思った」と供述したのだ。その内容はさらなる詳細に踏み込んでいる。川瀬は犯行直前、公園からいったん父親の住む自宅に帰り包丁を手にすると、事件現場となったレオパレスのドアホンを片っ端から押していったのだ。

そして2階の一室で、たまたま家を出る直前だった成嶋さんがドアを開け放った瞬間に部屋へと押し入り、成嶋さんを包丁で切りつけて、近くにあったフライパンで頭を殴って殺害したのである。

さらに話の内容は、殺害状況だけでなく、金銭目当てだったという部分にも踏み込んでいる。川瀬直樹は、成嶋さんが背負っていたリュックから財布を奪い、リュックは現場に残し、鍵を閉め、そして現場から逃げ去ったと明かすのである。

それこそが、事件の真相だと判明したのであった。

川瀬直樹は父親と折り合いが悪かった。だから2人で暮らす家がありながら、その家を出て野宿をしていたのだ。

当然、金はない。「空腹と寒さに耐えかねた」「だから金がほしかった」。それが、この事件を起こした動機だったのだ。

強盗目的ではないかという推察は、事件発生直後からできたかもしれない。だが、こうした背景を持つ川瀬直樹が、どういう状況に置かれ、何を考えて事件を起こしたのかは、川瀬本人という容疑者が出てこなければ、決してわからなかったことである。

一人暮らしが多いレオパレスを狙った

事件が起きたとき、殺害された成嶋さんは実家に帰省する直前だった。直前には「今から帰る」と実家に連絡を入れており、実際にコートを着たまま殺されていた。

それは事件直後の捜査でわかっていたことであるが、それゆえ、事件自体は業界用語でいうところの「流し」の犯行と考えられた。

つまり、殺された被害者と犯人の間には何の面識や関係もなく、単に見ず知らずの者が起こした犯行ではないかということである。事件直後の捜査でわかったのはその程度のことであった。

逆にいえば、ほとんど何もわからなかったということである。

事件現場のレオパレスから約１キロのところに東武伊勢崎線・西新井駅がある（写真は駅東口）

そのため、川瀬直樹を調べることで、わかったことは動機だけではなかった。その足取りや、詳細な犯行状況が次々と判明していったのである。それは、まさに「事件の解明」と呼ばれるにふさわしいものだった。

川瀬直樹が殺害現場となったレオパレスに狙いを定めたのには、川瀬なりの理由があった。それはレオパレスには単身者ばかりが住んでいることを知っていたのである。つまり、襲う相手が１人である可能性が高いことに目をつけたのであった。住居者が複数人いれば、襲っても金を奪えるどころか、反撃される恐れもある。川瀬はそれを寒さに凍え空腹に耐えながら考えていたのであった。

事件現場となったレオパレスは、東武伊勢崎線・西新井駅から北東約１キロの場所にあった。小学校に近く、一戸建てやアパートの中に小さな公園が点在する下町の住宅街であった。

川瀬直樹の予想通り、レオパレスの住民は大半が一人暮らしで占められていた。住民同士の付き合いなどもなく、隣人の顔も知らないのが当たり前のアパートだった。

当初の犯人像と、実際に容疑者として浮上した川瀬は、一致する部分も多かった。

例えば、川瀬直樹は成嶋さんに執拗な攻撃を加えたあと、それでも逃げ出さないように足をネクタイでロフトの階段に括りつけている。こうした逃走防止の対策をとるのは、「恐れ」からくるものだと事件発生当初から考えられており、川瀬の犯行は典型的な素人による行動だと見られていた。

解明されていったのは、事件直前の様子だけではない。

川瀬直樹は成嶋さんを殺害後、成嶋さんから奪った金で、台東区のビジネスホテルに泊まったり、ウィークリーマンションを借りたりしていたとも供述している。いかんせん発生から、16年が経過していたため、裏取りができたのは一部にすぎなかったが、警視庁が、川瀬がほぼ事実をしゃべっているという確証を得るには十分であっただろう。

さらに、その後の16年間についても調べは進んだ。川瀬直樹は事件から1カ月後の2003年1月には、台東区で生活保護を申請していた。浅草警察署に出頭するまでの16年間、台東区千束のアパートで暮らしていたのである。

事件当時は無職であったが、居酒屋でアルバイトをしていた時期も5年ほどあったようだ。そこで川瀬は常に不安定な精神状態であったはずだ。

その頃、一体何を考えて皿を洗ったり、オーダーを受けたり、同僚たちとの人間関係をやり過ごしていたのだろうか。いずれにせよ、川瀬直樹の頭の中には、常にあのレオパレスで若い男性を殺した記憶がつきまとっていたに違いない。

成嶋さんという殺された男性の名前も川瀬は知らなかった。だが、その手でつかんだ包丁で何度も刺し、切りつけ、そしてフライパンで頭を殴ったことは確かな記憶として残り続けていたであろう。

16年間、人を殺した記憶を背負い続けて生きていくとは、一体どのようなものであろうか。常人に背負えるものではなかったのだろう。

「誰かに頭の中を覗かれてばれた」

そう思い込むほど、16年の間に川瀬直樹の精神状態は悪化していったのだ。

ただでさえ、元から精神的に万全な状態ではなかったのは前に説明した通りだが、過去に人を殺した記憶が川瀬にさらなる精神状態の悪化を呼び込んだことも想像に難くない。

事件の全体像が明らかになるまで「解決」とは言えない

こうして、警視庁は2019年1月中旬頃までに必要な捜査を一通り終えた。一方で、川瀬直樹本人の体調や精神状態も徐々に回復しているという医師の話も聞こえてくるようになった。

確かにおかしな幻覚症状を発し、それを理由に出頭してきていたとはいえ、川瀬はもともと自らの判断で過去の事実を語ろうとした。その内容にも事の整合性が取れている面があった。きちんとした治療を受け、投薬などを続ければ、精神の安定を保てるくらいに回復するのに、それほど時間が必要ではなかったのかもしれない。

そしてついに警視庁捜査一課は1月21日に強盗殺人と住居侵入の二つの罪状で、川瀬直樹を逮捕した。医師から「十分に回復した」と認められたのである。

退院したばかりの川瀬に対して逮捕状が執行されたとき、警視庁の捜査員が改めて事実の認否を問うたところ、川瀬はこう答えている。

「私が犯したことに間違いありません」

つまりは全面的に認めたのだ。こうして、「島根二丁目アパート内強盗殺人事件」は、16年越しの解決を見ることになった。

本書ではいくつか未解決事件に触れていくが、「事件解決」とは何をもってそう言えるのだろうか。容疑者の逮捕という一つの結末を見れば、「事件解決」と言えるのであろうか。

少なくともこの事件に関しては、容疑者が捕まっただけでは事件が解決したとは言えない。容疑者が自らの状況や動機、犯行前後の足取りなどを詳細に供述し、それらが裏付けられて初めて解決と言えるのではないだろうか。

仮に別の形で、例えば包丁を包んでいた紙に残る指紋を警視庁が何らかの再捜査の過程で調べ直し、前科があった川瀬直樹の指紋と一致したとしよう。川瀬を逮捕することはできただろう。そしてきっと有罪にはなっただろう。

だが、川瀬が罪を認め、当時の状況や動機を自らの口で語らなければ、わからなかったことはたくさんあったに違いない。

殺害した成嶋さんのことを知っていたのか。そもそも、なぜ成嶋さんを殺害したのか。それは、遺族にとっては「なぜ私の家族が殺されたのか」という消えない疑問である。

たとえ犯人が捕まり、答えが得られたとしても、亡くなった人が帰ってくるわけではない。だが、それでも無念を伴う「なぜ」に対する答えは、やはり必要なのではないだろうか。

そういった点で、川瀬直樹は犯行状況だけでなく、殺害した相手との接点を語り、犯行前後の自らの境遇や足取りを説明した。そのすべてが、16年前の事件発生直後の捜査では何一つわからず、川瀬の供述があって初めて明らかになったことであった。

つまり、この事件では川瀬直樹が自ら出頭し、罪を認め、できる限りの説明をしたことが大きかった。その説明があったからこそ、これだけ事件の全体像が明らかになったのである。このように事件の全体像が明らかになってこそ、「事件解決」と言えるのではないだろうか。

これから紹介するいくつかの未解決事件がこの先、解決の日を迎えられるかは誰にもわからない。それでも、犯人を捕まえるための捜査が続けられている事件はたくさんある。

そして、いつか事件が解決したら、どういったことが明らかになるのだろう。その一つの見本とも言えるものが、この事件を通して見えたのではないだろうか。

第3章

歌舞伎町雑居ビル火災

——資産家射殺事件に関連した放火が原因と疑われたが、証拠も揃わず自供も取れず未解決に

火災に関係ない殺人事件や登場人物が複雑に絡み合った事件

捜査資料は今も廃棄されることなく、新宿警察署のロッカーで静かに眠っている。眠っているということは、すでに捜査などは行われていないということだ。

要するに、事件は起きたがすでに捜査は「凍結」されて未解決のまま残されているということなのだ。未解決事件とは、何も凶悪な殺人事件ばかりを指すわけではない。

ここで紹介するのは他の章で扱っているような殺人事件ではない。明らかな凶悪犯が確固たる

殺意を持って誰かを殺し、その死体が見つかった、という事件ではないということだ。それでも大事件なのである。

一般論であるが、事件か事故かを判断するために原因を追究する捜査に必要であれば、警察は手続き上、裁判所から令状を取得することになる。それは刑事訴訟法という法律で必要と定められた厳格な手続きだ。

そしていったん取得された令状は、その原因がはっきりするまで残り続ける。すなわち事件として扱われるのである。そして事件が解決しない限り、未解決事件ということになる。

そういった意味でいえば、あの雑居ビルで起きた大惨事は、今でも本当には捜査されていない未解決事件ということになるのかもしれない。そう、ここでの「事件」は2001年9月に東京・新宿区歌舞伎町の雑居ビルで44人が死亡した火災である。

あらかじめ断っておくが、この火災について調べ始めたとき、私は裏にこれほどの背景が潜んでいようとは思ってもみなかった。

これから語るのは、単に44人が死亡した火災についてではない。そこには一見、まったく何の関係もないような殺人事件に話が及び、登場人物は多岐に渡る。そして事件や登場人物が複雑に絡み合っていくのだ。

そのすべては空想や想像に基づいたフィクションではない。私は事実を一つずつ明らかにして

歌舞伎町で火災に遭ったビル（2003年6月撮影）

いくだけである。

いずれにせよ、最後まで読んでもらえればわかること。まずは、本題であるこの歌舞伎町の凄惨なビル火災について振り返っていくことにしよう。

そのビル火災が起きたのは2001年9月1日午前1時頃のことであった。現場は、東京都新宿区歌舞伎町1丁目にあった雑居ビル「明星56ビル」。地上4階、地下2階建てのそのビルが、爆発音を轟かせて出火したのは週末の真夜中だった。

新宿・歌舞伎町。それは日本一の歓楽街として誰もが知る不夜の街である。居酒屋や喫茶店、レストランなど飲食店だけでなく、ディスカウントストアや洋服屋、雑貨屋がひしめき合い、映画館や劇場などのアミューズメント施設も多い。

北側には特にキャバクラやホストクラブ、そしてラブホテル街が広がる。もちろんソープランドやファッションヘルスといった風俗店も数えられないほど並ぶ街である。

週末の午前1時。閑静な住宅街ではない。それは歓楽街にとって、まさに享楽の中に身を委ねに人々が最も多く集まる時間帯であった。

そんな中で起きた火災は、当然、大事にならないわけがなかった。火災は極めて激しいものだったのである。

消防は、梯子車《はしご》などを含む消防車と救急車を約100台出動させたのだが、鎮火するまでに5時間40分を要することとなる。逃げ遅れた実に44人もの人々が一酸化炭素中毒や全身火傷を負い死亡。

死亡者数でいえば、1982年2月に発生したホテルニュージャパン（東京）での火災（死者33人）を上回る戦後5番目の大惨事ということになる。

死者の数では戦後5番目の大惨事

火災当日の午前4時。新宿警察署の幹部は重苦しい口調でこう説明した。

「死者9人、意識不明者が35人……」

断続的に発表される被害は、刻々と悲惨さを増していた。

そもそも、最初の爆発音から1時間後の警察発表は、「10人ほどがケガをしており、18人が逃げ遅れている」というものであった。だが救助されても心肺停止状態だったり、搬送後に死亡が

1982年2月、東京・千代田区永田町にあるホテルニュージャパンから出火。死者33人という大惨事となった(写真は1996年に解体される前のホテルニュージャパン)。

確認されたり、逃げ遅れた人の数が膨らみ続けていくのである。

その後、意識不明だった人々も次々に死亡が確認され、現場近くにある大久保病院に搬送された6人も搬送からわずか1時間で死亡が確認されることとなった。最終的に明け方になって確認された死者数は44人にも膨らんだのであった。

大惨事の現場となった「明星56ビル」は、映画館や居酒屋がひしめく歌舞伎町の中心街にあった。最寄り駅は西武新宿駅。場所は「新宿コマ劇場」(2008年12月31日閉館)のそばに位置し、細長いペンシルビルが密集する一角だった。ビルには麻雀ゲーム店や飲食店、それに風俗店が入っていた。

前述したように、夜も更け、時刻は午前1時になろうとしていたが、ビルの中は各店の従業員だけでなく、まだ大勢の客で賑わっていた。そんな最中に、ビルの3階で爆発音が轟くのである。

たちまち大量の黒煙や火柱が上がり、避難のためにビルから相次いで飛び降りる様子を、近くの飲食店員らが目撃することになった。

翌朝に判明した被害の全体像は、3階のエレベーターホールの脇にあった麻雀ゲーム店「一休」と、3階と4階にあったセクシーパブ「スーパールーズ」が、それぞれ80平方メートルの床面積が全焼になるほどの甚大な被害であった。

逃げ遅れた44人の人々が、一酸化炭素中毒や全身火傷で死亡。3人が重軽傷を負った。死者の数としては1972年5月に発生した大阪・千日デパートビル火災（死者118人）などに次いで、当時としては戦後5番目の大惨事ということになった。

火災の場合、消し止めるのと、救助を担うのは消防の役割だが、その出火原因を調べる作業から警察が入ってくることになる。原因の調査は消防と警察の両者が担うのだ。

そして、そこに事件の可能性があれば、警察が捜査をすることになる。中でも大きな火災を扱うのは、そう、殺人や強盗事件を担う捜査一課である。

歌舞伎町のビル火災では、警視庁捜査一課がすぐさま捜査本部を新宿署に設置した。そして死者の身元確認を急ぐ一方、現住建造物放火罪で現場検証令状を取得したのである。

つまり初手から「事件」として、出火原因を調べ始めた。それは、今に至る「未解決事件」としての始まりでもあった。

事件直後から1人の男を追っていた

繰り返しになるが、殺人や強盗といった強行犯（凶悪事件）を扱うだけでなく、火災の調査や捜査を担うのも捜査一課である。これは全国どの都道府県でも変わらない。

当時、事態の重要性を最大限に考慮し、現住建造物放火罪で現場検証令状を裁判所から取得した警視庁捜査一課幹部は、その理由についてこのように述べている。

「放火を思わせる確実なものはないが、大惨事である。そのことを踏まえ、捜査を厳格に進めるため、放火で令状を取ることにした」

事件発生直後から、この歌舞伎町ビル火災は連日、大きなニュースとして報じられ続けることになる。果たして事件なのか。そうした観点での報道もあった。

だがすぐに放火犯が捕まったわけでもないのに、どのマスメディアも、すぐさま一斉に報道しなくなっていく。確かな確証を得られないままに、報道しなくなったのはなぜか？　それには理由があった。

もう20年も前のことになるので覚えている人も少ないと思うが、この年は国内で初めてとなる狂牛病（牛海綿状脳症）騒動が起きた年だった。そして何より、この火災の発生から10日後となる9月11日には「9・11《きゅうてんいちいち》」と後に呼ばれる「アメリカ同時多発テロ事件」が起き、全世界を震撼させるというタイミングであった。

ニューヨークの世界貿易センター（ワールドトレードセンター）ビルに航空機が突っ込み、ビルが大炎上し、崩落したあの衝撃的な映像は、それこそ歌舞伎町ビル火災が与えた衝撃の比ではなかった。歴史に残る世界的大事件であり、この年から始まった21世紀の今後を誰もが不安視するきっかけになった重大事件だったのである。

そのため歌舞伎町ビル火災の報道は、一気に沈静化していくことになるのだが、それは無理もないことであった。

だがそうした背景とは関係なく、歌舞伎町ビル火災を「放火」として着手した警視庁捜査一課は、徹底的に事件を洗い始めていた。そう、彼らにとっては44人が死亡したこの火災こそが、何よりも「重大事」だったのである。

そして、それを事件として捜査し、犯人に辿り着くことができる可能性と能力を持っているのも、警察の中でも最も強力な捜査力を誇る彼らを置いて他になかったのである。

警視庁がこの火災を放火として扱ったのは、何も厳格に捜査を進めるためだけではなかった。

2001年9月11日、ニューヨークのワールドトレードセンターに航空機が突入した「アメリカ同時多発テロ事件」が起きた（写真は南棟ビルに航空機が衝突した瞬間）。

そこにはやはり、放火をうかがわせる根拠があったからだ。

それは大きな根拠ではなかったかもしれないが、可能性を広く考えた場合、放火を視野に入れて捜査に当たるだけの要素はあったのだ。

実際に警視庁は、火災発生翌日、放火の疑いが強いことを明かしている。そして、事件直後から、捜査員は実は1人の男を追っていたのである。

その男について、この事件を後に追いかけることになったある人物は、私に次のように語っている。

「当時、その男を捜査一課が追いかけていたのは間違いない。だが、私が調べた限り、そのときにはすでに逮捕の見込みがまったくなくなってしまっていた。そのために私も重きを置いて調べ尽くすことをしなかったのだが、今思うとそこに後悔が残る」

その人物がそういう言葉を吐くのは珍しい。それだけに私としても興味を惹かれることになった。そして私は、自分でもこの火災とその男について調べることになる。

その先に驚くべき展開が待っているのだが、それはもう少し後で述べることにする。

まずは、こうして警視庁による捜査が始まったことを頭に入れておいていただきたい。

放火と断定できないときから、放火での捜査を始めた

世で起きている火災にはもれなく原因があるが、その大半は「失火」である。うっかり台所で料理中に鍋から目を離してしまったり、ストーブの上に干したタオルに火がついて、燃えてしまったりといったことだけではない。

仏壇のろうそくが倒れてしまうこともあれば、コンセントにほこりが溜まって起きる「トラッキング現象」もある。場合によってはネズミが電線を囓《かじ》って起きる漏電も火災の原因になり得る。人が意図的に火をつけて起きる火災はそれほど多くないが、放火となれば重大犯罪である。火は一度人の手を離れてコントロールが利かなくなってしまうと大惨事になるからだ。

そして、この歌舞伎町のビル火災も、仮に放火であるならば、その罪は放火だけに限らない。

事件発生当時、ビル内に人が大勢いることは容易に想像ができた。仮にそこへ火など放てば、人が死ぬことも十分に考えられる状況だったからだ。

そのため、放火であれば放火罪だけでなく、殺人及び殺人未遂罪にも相当することになる。実際にそういった例もたくさんあるのだ。例えば、２００９年7月5日に大阪市此花区四貫島《このはなくしかんじま》一丁目の雑居ビルで起きた火災がそれだ。

この事件では、雑居ビルだった「児島建設ビル」1階にあったパチンコ店が放火されて5人が死亡し、19人が重軽傷を負った。借金で嫌気がさして火をつけた男は現住建造物等放火、殺人、殺人未遂で事件翌日に逮捕され、２０１６年に死刑が確定している。

こうした判例を見ても、放火であるならば、歌舞伎町のビル火災も、同様の罪に問われるのは間違いないだろう。そして、放火であるならば、警察としてはその犯人を何が何でも捕まえねばならない。何しろ44人もの人々が突然、その命を奪われることになったのだから。

そのため、警視庁はまず放火、つまり「事故」（失火）ではなく「事件」である可能性を考えた。捜査というものは最初が大事である。後から放火と気づいても遅い。だから、必ずしも放火と断定できていないときから、「失火」である可能性も踏まえつつ、警視庁は放火での捜査を始めたのだ。

前述したように、放火の疑いが強いと見る理由もあった。それについては後で詳しく説明しようと思う。

ただ、結論から先にいえば、今に至るまで出火原因がはっきりとは解明されていないのも、また事実なのである。

ガス爆発ではなく、火災が発端ではないか

刑事事件の裁判内容を耳にするたび、人が人を裁くことには限界があるのではないかという思いが頭をよぎる。特に私が興味を抱くのが、犯行に至った経緯についてだ。

裁判では、被告人の証言や状況証拠などから、いかにストーリーに矛盾がないかが審理されていくのだが、そこに欠かせない軸となるのが動機や根拠だ。つまりは理詰めによって、誰もが納得できる物語が審理を通して完成されてしまうのだ。

一般常識では考えられないことを証言すれば、信憑性に欠けると結論づけられることが多い。ただ、それはあくまで聞く側にとっての理に適っていないからだ。

証言には、聞く側が一定程度納得できることが必要とされる側面がある。だが考えてみてほしい。得てして犯罪というものは、つじつまの合わないところで起きているのだ。まだ年端もいかない子供ならいざ知らず、分別のある成人した人間が罪を犯す場合、程度の大小はあるが精神状態

に異常を来しているものである。だからこそ事件が起きるのだ。

それをいくら聞く側が、論理的に納得しようとして聞いたところで、なかなか真実には迫れないのではないだろうか。

話を元に戻そう。歌舞伎町のビル火災で、鎮火直後の東京消防庁の調べによれば、3階エレベーターホールのガスメーターから天井に伸びる配管が破れていることが確認された。これによって警視庁の捜査本部では、ガス漏れによる爆発とともに、放火の可能性もあるとして捜査していくことになる。

仮に初動捜査の段階で、事件の可能性を潰して調査を進めてしまえば、後から放火として見直すのは非常に困難になりかねない。この点からも、放火を視野に入れて捜査を進めたのは、適切な判断だったと言えるだろう。

まず考えられたのが、ガス漏れによるガス爆発だった。ガスメーターの留め口は溶け落ちており、その部分からガスが漏れた可能性が当初、指摘された。

だが、ガスメーターが入っていたボックスに残っていた燃えかすから、ガスメーターが溶け落ちた原因は、強い火の勢いによるものだった可能性が高いことがわかった。要するに、そこに本来の火元があったのではないかと考えられたのである。

ガスメーター自体はアルミ製で、床から50センチほどの場所に設置されていた。そのアルミ製の接続部分は溶け落ちていたのだが、通常1000度近い高温で何時間も熱さない限り、アルミ製の接続部分が溶けるようなことはないそうだ。

実際、過去の数多くある火災でも、この部分が溶けた事例はなかった。しかも、この火災で火が激しく燃えていたのは、1時間ちょっとである。

火災が発生した2カ月前にガス会社が点検したときには異常がなく、ガスメーター自体の不具合が原因で起きた火災とは考えづらかった。ましてや本当にガス爆発が起きていたならば、ビルの壊れ具合にも反映されていなければならない。

確かに外壁は吹き飛び、扉の一部が開閉とは逆の方向に倒れるなどの現象は起きていた。だが、それは火災が起きた後に窓が割れて大量の空気が入ったことで炎が一気に上がる「バックドラフト」と呼ばれる現象が起きたからではないかと考えられた。

つまりは順番の問題である。ガス爆発が最初に起きたのではなく、先に火災が起こり、それが発端となって、燃え広がったのではないかと推測されたのだ。それを裏付けるかのように、メーター近くにはビールケースや発泡スチロールの燃えかすが残されていた。

爆発が火災の原因でなく、出火元が別にあるとするならば、それは何を意味するのだろうか。この歌舞伎町のビル火災の場合、それは「火元がわからない」ということであった。残る状況は一つの可能性を強く示唆していた。

火の気のない場所に燃えかす。ガス爆発の可能性は低い。残された可能性は、どうしても放火の疑いが強いということになっていく。出火元を断定できないまま、警視庁が放火の可能性を強く考えたのは、そうした背景があってのことであった。

別件で逮捕した人物はいたが、放火容疑での起訴は困難と判断された

当然のことだが、放火であるならばそこには犯人が存在する。警視庁と連携して、火災の原因を調べていた消防もまた、同じ結論に達していた。つまり放火の可能性があると結論づけているのだ。

東京消防庁は2002年末、火災原因について、現場の調査や関係者らへの聞き取り、再現実験を行った結果、電気やガスの不具合は確認されず、「放火の可能性が高い」と結論づけた。それは火災原因に関する判定書で明らかにされている。火災発生から1年3カ月後のことであった。

この判定書には「タバコの投げ捨てによる可能性も残る」と記されてあったが、それはあくまで可能性があるという話でもある。その可能性を拭い去ることはできなかったのだろう。ただ、あくまでも強く疑われたのは「放火」だった。

当初から放火の可能性を考えていた警視庁もまた、出火原因の調査や被害者の身元特定と並行

し、すぐに火災発生時、不審者がいなかったかに関する捜査を始めている。

まだ今のようにＳＮＳが普及していない時代であったが、いつの時代も人の噂話というものは、すぐに広まるものである。このときも火災直後に近くのファーストフード店で「あれはオレが腹いせにやった」と話していた男がいた、などという怪情報が乱れ飛んでいた。

ただ、そうした怪しい情報も、状況としてはあながち信憑性がないわけではなかった。それだけの事情があったのである。

被害に遭った3階のマージャンゲーム店「一休」では、専用のコインを使い麻雀のＴＶゲームで勝ち負けを決めるシステムになっていた。ところが、勝敗に応じてコインが換金される仕組みだった。つまり、賭博の違法営業をしていた疑いがあったのである。

ギャンブルであれば、当然、客の中には負ける人もいたわけだ。「腹いせにやった」という怪情報に信憑性がないわけではない、と述べたのは、そういった意味である。

実際に火災直後の捜査では、そうした不審人物、つまりマージャンゲーム店によく出入りしていた客が次々に捜査線上に挙がっては、調べられていった。さらに火災現場となった「明星56ビル」自体にも、不審な点が多く存在していた。

マージャンゲーム店と同じく被害に遭ったセクシーパブ。平たくいえば風俗店なのだが、この店は又貸しされたものであった。「明星56ビル」では、ビルの所有者から借りた個人もしくは業者が、さらに誰かに又貸ししている契約形態の店舗が多かった。そのため、実際には誰が店を経営しているのか、誰も把握できていないような雑居ビルだった。

かつマージャンゲーム店のように、違法な商売を疑われる店舗が他にもあった。また、このビルに関係する人物たちにも火災とは別の側面で、怪しい影があった。

そうした背景があったから、この火災では、数多くある殺人事件と同じように、現場ビルやテナント関係者、それに恨みを持つような人物への捜査が徹底的に行われた。先にも述べたように複雑な契約関係にグレーな商売、関係者らが抱えるトラブルも無数にあったのである。

そうした人物を捜査一課では、1人1人徹底的に潰していった。さらに聞き込みや防犯カメラ画像の回収、分析を続けていった。

2001年9月1日は土曜日であった。火災が起きた午前1時頃は、金曜日の夜更けである。行き交う人は多く、大半は酔客で歌舞伎町が最も賑わう時間帯だった。

それを表すように、火災発生直後の現場にはあっという間に人だかりができた。真っ先に現場へと急行した警察官らは、そうした人波を規制するのに手一杯となってしまう。

そうした状況で、不審人物を追うのは極めて困難だったと言えるだろう。だが、捜査に困難はつきものであり、それでも警視庁は捜査を進めていった。そしてその捜査の中で、火災直後から警視庁が重要視していた男が実際に存在していたのである。

そう、私は先に「当時、その男を捜査一課が追いかけていたのは間違いない」というある人物の言葉を紹介したが、まさにそこに出てくる「その男」である。

私に話した人物が、まだ逮捕されていない男について「捜査対象だった」と語ったことや、それを十分に調べ尽くせなかったことを「後悔している」と振り返ったことは前述の通りだ。私に話した人物がそんなことを言うのは、珍しいことであった。

普段はそんなことをこぼさないような慎重な人物であり、他の未解決事件についても簡単に憶測を交えて、犯人を特定したかのようなことを述べる人ではなかったからだ。

世田谷一家殺害事件のように、一級の殺人事件として捜査が続けられるような大きな事件であるほど、犯人を特定したかのような書物などが出版される。中には「真犯人に直撃」などとうたうものもある。しかも大抵は「ジャーナリスト」や「長年記者として活躍」などと、もっともらしい、たいそうな肩書きを誇る人物が書いている。

実際には、ほとんどがこれまでに公表されている既知の事実に、フィクションに近い想像話をくっつけたような代物だが、それは多くの人にはわからない。あたかも高名な人物が書いた、真実の書と感じる人もいるかもしれない。

確かに読む分には面白いだろう。そこには一見「未知」の事柄が書かれ、ドラマ仕立てで話が進んでいくからだ。だがどれだけ立派な理屈で説明されていようとも、それは真実ではない。

理由は簡単である。犯人が逮捕されていないからだ。そこで説かれた犯人像に確証があるならば、そうした情報を世に出す前に犯人は逮捕されているであろう。それに、なぜ実名でしっかりと表記しないのか。私はそういった空想論者を一切、信用しない。

それら空想論者に比べれば、先ほど述べた彼は人物として一級品であった。私に彼を紹介してくれた人も、次世代のエースといわれるほどの人物であった。それほどの人物が、「後悔している」と口にしたのだ。興味をそそられないはずはない。

さて、警視庁が追いかけていたという「その男」の話に戻ろう。

実際、警視庁は火災後に別件で、その男を逮捕している。その際、どうにか火災事件での逮捕につなげられないかと模索していた。

そして検察サイドに打診もしていた。だが、そのときの材料だけで男を逮捕し、起訴するのは困難と判断された。つまり公判を維持するには、揃えた証拠が弱すぎたのである。

こうした捜査は、未解決事件のすべてで行われる作業だ。それでも解決できないからこそ、事件は迷宮入りするのである。

それほど難しい事件なのに、本を書くために取材したジャーナリストや元記者などが、簡単に犯人の特定に至ることなどできるだろうか。結論からいえば、事件を起こした当事者、つまり犯人でもない限り、真相に迫るのは不可能だと言ってよい。

だが私は、その別件で逮捕された男に興味をそそられた。そこで私はその足跡をもう一度、丁寧に辿っていくことにしたのである。

長女は実の父親の殺害を宗教団体まがいのグループに依頼していた

歌舞伎町のビル火災から5年後となる2006年。「明星56ビル」は解体された。その場所には屋台村などが入ったのちに、今では韓国料理屋が建っている。だが東京消防庁からビルの使用禁止命令が出されたその場所には、もうビルは建っていない。

そのため周囲のビルの中で、そこだけがポッカリと穴の空いた異空間のような様相を呈している。確かに今から19年前に、その場所は凄惨な地獄絵図となったのであった。

それは衝撃的な事件であった。今でも覚えている人は多いだろう。世の人の記憶の中だけでなく、実際にいろいろな形でその後に至るまで、あの大惨事の爪痕は残っているのだ。

例えば、あの火災で亡くなられた方々の中には、運び出された様子を当時のカメラに撮られてしまった人たちもいる。火災からずっと後に、立ち入り禁止となっていた解体前の「明星56ビル」内の様子を写真週刊誌が掲載したこともあった。

当時その侵入手段が、一部で問題視されたこともあった。なぜなら、隣のビルから飛び移り、

歌舞伎町のビル火災現場近辺の現在の様子（2020年３月撮影）

ビル内の写真を撮ったのではないかと指摘されたからだ。また事件後、1階の無料案内所「ナイタイ」のオーナーが俳優の故・石立《いしだて》鉄男さんだったのではないかと報じられたこともあった。

さらに「明星56ビル」のオーナーが2003年2月に業務上過失致傷罪などで逮捕され、その後、有罪（他にテナントの経営者５人が逮捕。内１人が無罪）判決を受けたのだが、民事では被害者の遺族から、10億円以上の損害賠償訴訟を起こされることになった。そのオーナーが数年後に再び、復活してきたと噂になったこともあった。

それらは歌舞伎町ビル火災の後日談だが、私はここでそうした四方山話をしたいわけではない。あくまで歌舞伎町ビル火災を放火と見立てた警視庁の捜査と、その中で浮かんだ「ある男」の話を進めていこうと思う。

そのためには歌舞伎町の火災の少し前に起きていた、まったく別の事件の話をしなければならない。私が調べた先に行き着いたのが、一見、何の関係もないように思えたその事件なのである。

そこで話は歌舞伎町から離れ、火災と同じ年にあったある別の殺人事件に移る。

その事件とは、火災の3カ月前、2001年6月9日に東京都板橋区で起きた殺人事件である。この日、板橋区の住宅街にある工務店経営者の男性宅で、宅配業者を装った男に、対応に出たその男性が拳銃で撃たれて死亡するという事件が起きた。

被害者の男性は当時、ある宗教団体まがいのグループに関して、トラブルを抱えていた。2003年1月にはこの工務店経営者の男性を殺害したとして、その団体の代表ら幹部が次々と逮捕されている。

逮捕された中には、殺害された工務店経営者の長女も含まれていた。事件そのものが殺害された男性の長女からの依頼によって起こされたことが明らかになってくる。

実の父親の殺害を宗教団体まがいのグループに依頼した長女は、その団体の代表だったある占い師に心酔していた。そして依頼先となった団体に関して、被害者男性はトラブルを抱えていたといわれている。

この団体は霊感商法まがいの活動が指摘される一方で、全盛期には100人を超える熱狂的な信者が集まっていたといわれる。特に代表の女性の交友関係は幅広く、その中には有名人なども いたことが後にクローズアップされた。

ここまで説明しただけでも、きな臭い殺人事件である。これがどう歌舞伎町のビル火災とつながっていくのか、それは少しずつ説明していく他ない。そうするためにも、ここからさらに、板橋区の事件について紐解いていくことにする。

この宗教団体まがいのグループは、一方で暴力団との交友関係の影もちらついていたといわれている。現に被害者男性を殺害するのに使われた拳銃は、暴力団員から購入したもので、後に殺害に使用された拳銃を売ったとして、現役組員が逮捕されている。

また、男性を殺害した実行犯グループの中には、無職の外国籍の男の他に、外国籍の元暴力団員も含まれていた。

娘が自分の父親の殺害を依頼したことだけを見ても、歪《いびつ》な背景があったことがわかるだろう。ところがその歪な背景は、歌舞伎町の火災が起きた「明星56ビル」にまで、点と点でつながっていく。

その点となるのが、火災の起きたビルの麻雀ゲーム店の実質的オーナーが、宗教団体まがいのグループの代表の親族だったといわれていた点だ。その親族が、麻雀ゲーム店の実質的オーナーだったといわれているのだ。そしてこの依頼殺人を巡って、別のトラブルが起きていたのではないかと当時、考えられていた。

そうした中で起きたのが歌舞伎町ビル火災であり、火災の火元と見られたのが麻雀ゲーム店の入っていた3階であった。歌舞伎町のビル火災が起きたのは、そう、工務店経営者の男性が殺害されてから、わずか3カ月後のことであった。

果たして、このタイミングはただの偶然であったのか。仮に歌舞伎町のビル火災の原因が放火であったとして、麻雀ゲームに負けた客が腹いせに火をつけたというような単純なものであったのか。

確かに麻雀ゲーム店のレートは高かったといわれているが、それは他店の違法賭博場とそれほど大差はなかったはずだ。それに麻雀ゲーム店に常日頃から通っていたのなら、犯人を特定することも容易であったろう。

だが逆に「明星56ビル」とは何の接点もない人物が火を放ったとなれば、犯人を割り出すのは困難になる。ここで述べる板橋区で起きた依頼殺害と関連していた場合などだ。

「少なくとも当時、あの火災を捜査した警視庁の捜査員の大勢が、あれは事故ではなく放火だった、と考えていたのは間違いない」

それは、ある関係者が私に語った言葉である。実際、その可能性があるからこそ、現在でも、未解決事件のままとなっているのではないだろうか。

さて、話を戻して、工務店経営者の殺害事件とはどんな事件だったのか、それに絡んだ宗教団体まがいのグループとは一体どんなところだったのであろう。

父からの相続が減るのを恐れ、殺害を依頼

1993年7月7日。まだ夏が始まったばかりの日。当時17歳だった私はその日、悪友たちと「七夕暴走」と称して、国道171号線を、派手に改造した単車で暴走していた。暴走族が全盛期だった頃のことである。

私たちが単車にまたがり、大阪市内を暴走していたのと同じ時刻。私の地元、兵庫県尼崎市内では、当時19歳の少女が何者かに刃物で刺された上、車ごと焼かれるという凄惨な殺人事件が起きていた（「はじめに」で触れた事件である）。

私ももちろんそうだが、周囲で誰一人、殺害された少女と面識がある者はいなかった。誰も少女の名前すら知らなかった。しかし私にとっては、忘れられない事件となっていく。

それは事件から数日後のことであった。高校にも進学せず、かといって働くこともしていなかった私は、同じような境遇の同級生たちと毎日、朝まで遊び回っていた。そして陽が上り始めた朝方に自宅に帰り、眠りにつくような堕落した生活を送っていた。

そんなある日、一本の電話で叩き起こされた。まだ携帯電話なども普及していなかった時代のことだ。

けたたましい音で鳴り続ける自宅の固定電話。眠たい目を擦りながら受話器を上げると、電話

の相手は母であった。

「あんた！　すぐに店に来なさい！」

電話口の向こうから、母のとがった声が漏れてきた。当時、母は自宅から歩いて5分ほどの離れた場所で、飲食店を営んでいた。

多分だが、私は「何でいかないかんねん」ということを面倒くさそうに言い放ったように思う。するとも母はきつい口調でこう言った。

「刑事さんが、あんたに話を聞きたいって、今、店に来てるからすぐに来なさい！」

俗にいう不良少年だった私は、一瞬、思考が停止した。停止した頭の中で、何がバレてしまったのだろうという思いが駆け巡った。

残念なことに、思い当たる節がありすぎて、17歳だった私は、ただただ気が動転していたのを覚えている。眠気など瞬時に吹き飛んでしまっていた。

足取りはすこぶる重く、憂鬱な気分で店に出向くと、母が電話で言っていた通り、刑事が2人、私が来るのをカウンターに座って待っていた。そして開口一番、私はこう尋ねられた。

「君は先日の七夕の日の夜、何をしていたの？」

その問いに私は内心、「あっちゃ！　七夕暴走がバレてもうてるやん」とまったく見当違いな思いを抱いた。

後に、七夕の日に殺害された女性は、暴走族に殺されたのではないかと噂されるのだが、改造した単車で深夜、爆音を轟かせ国道を暴走する行為と、殺害では、犯罪行為という意味では同じでも、刑罰の重みが明らかに違う。だが刑事たちは、当時の不良少年たちの聞き込みを行っていた。

その中の1人がたまたま私だったのだが、今思うと確かに暴走族の少年たちの犯行も視野に入れて捜査していたと思う。しかし実際は、捜査されていたのは暴走族の少年だけではなかった。なぜそう言えるかというと、そのときに「この人物らを見たことはないか」と刑事から何枚かの写真を見せられたのだが、そこには被害者の写真があった他は、不良少年の写真など一枚もなかったからだ。パンチパーマを当てた、当時の私たちよりももっと上の世代の人物の写真ばかりであった。どれも私がまったく知らない人たちの写真だった。

結局、この事件は解決を見ぬまま、未解決事件となり、2008年7月7日に公訴時効を迎えることになる。その後は、あの事件は誰々がやったようだ、などという噂を耳にすることさえまったくなくなった。

本来、別件逮捕とは、本件で逮捕するために微罪などで身柄を拘束しておいて、本件での逮捕に向けて取り調べを行うことなどを指すケースが多い。しかし、その別件が殺人事件というのは、まれではないだろうか。板橋区で起きた工務店経営者の殺害事件のことだ。

もちろん、この殺害事件が、歌舞伎町のビル火災捜査のために捜査され、逮捕されたわけではない。なぜならば、殺人事件だけで十分に本件となるほどの凶悪犯罪だからだ。

歌舞伎町のビル火災があろうとなかろうと、この殺人事件の捜査は尽くされただろうし、そこに容疑者がいれば逮捕されただろう。怪しげな占い師にのめり込んだ娘が父親の殺害を依頼したこと自体が、大きな驚きをもって受け止められる事件である。実際に当時の新聞やテレビ、週刊誌はこの事件をそれなりに大きく報じたのである。

だがもし殺人が本件であったとしても、また別の大きな事件――例えば歌舞伎町雑居ビル火災のような死者44人を出した放火事件――を仮に起こしていれば、殺人事件でさえ別件逮捕と呼ばれてしまうかもしれない。

大きく報じられた事件であっても、歌舞伎町のビル火災と関連があるのではないかという話になれば、その前座のような色合いが出てしまうのはやむを得ないだろう。私のいう別件とは、そういう意味である。

2001年6月9日に板橋区で起きた殺人事件は、実の娘が父親の殺害を依頼した事件なのだが、何とも複雑な背景があった。

では事件について詳細を述べてみたい。この日、「主人が撃たれた」と110番通報が入ったのは午後8時頃のことであった。

繰り返すが、新宿・歌舞伎町のビル火災が起きる3カ月前のことである。殺害された男性は自宅近くで工務店を経営する一方で、所有するマンションの管理や不動産の売買などを手掛けており、いわゆる資産家であった。

110番通報を入れた妻とは、2人暮らしであった。警視庁捜査一課はすぐに、高島平《たかしまだいら》警察署に特別捜査本部を設置し、捜査を進めていくことになった。拳銃が使われていたこともあり、警察当局としては重大事件との認識があったのだろう。

犯行状況は、段ボール箱を手にして宅配業者を装った犯人が、インターホンを鳴らし「宅配便です」と告げて、工務店社長を玄関先に呼び出し射殺したというものであった。その状況からも、計画的であったことは明らかだった。だが、まさか殺害を依頼したのが実の娘だったとは当時、110番通報を入れた妻も想像できなかったのではないだろうか。

後日の捜査で徐々に明らかになるのだが、事件の引き金となったのは、殺害された工務店経営者の遺産相続であった。殺害された工務店経営者と、殺害を依頼した長女との間では当時、諍《いさか》いのようなことが起きていた。諍いは工務店経営者が長女に同居の話を持ちかけたことから始まっていた。

そして経営者は妻、つまり長女からすれば高齢となった母親の面倒を見るように勧めていた。もっとも、工務店経営者の父親が娘に同居を勧めた理由はそれだけではなかったのではないだろうか。

そう、長女がのめり込んでいた、宗教団体ともいわれる占いグループの代表の存在である。そのことが、父親が同居を持ちかけた理由の一つだったのではないかと思う。

殺害された工務店経営者の長女と占いグループの代表が出会ったのは、事件の3年前にさかのぼる。そこから長女はその占いグループにのめり込んでいってしまう。

その娘の身を父親として心配し、高齢となった妻の面倒を見てもらうためにも、長女に同居を持ちかけた。だが、長女に拒まれた。

そして、そのような事態に業を煮やした工務店経営者の父親は、養子を取るようなことを口にする。それに危機感を覚えたのは、他でもない長女であった。

「このままでは、父から相続される遺産の取り分が減ってしまう――」

危機感を募らせた長女が相談したのが、占いグループの代表であったことは想像に難くない。なぜなら、この占いグループの代表は、そもそも長女に相談される前から、長女がいずれ相続するであろう父親の資産に目をつけていたのだから。

占いグループの代表は当然のように長女の説得にかかる。「このままではあなたに遺産が渡らないかもしれない」といった内容を長女に吹き込み、ついには殺害を唆《そそのか》すのであった。唆された長女は、ますます焦ってしまったのだろう。だが、そうだとしても殺害を依頼したのはあくまで長女である。

不幸なことに、殺害された工務店経営者の父親は、実は養子を取るつもりもなければ、遺産を他に分け与える気持ちもなかった。なぜそう言えるかというと、殺害される前年にすでに遺言を作成しており、遺産はすべて殺害を依頼した長女に相続されることになっていたからであった。

だが、それを長女は知ってか知らずか、父親が自分に遺産を相続させないと最終的には思い込んだのだろう。そうでなければ、どうして実の父親の殺害を他人に依頼したりするだろうか。

それにしても、怪しげな宗教団体や占いグループというものは、人の心につけこみ、その財産を供与させることを生業としているとはいえ、その手口の巧妙さには驚く。

占いグッズの購入費用を出してくれた父親の殺害を依頼

さて、この工務店経営者殺害事件の話だが、もう少し具体的な事実を時系列的に語っていこう。

被害者の工務店経営者、丸山寿治さん（当時70歳）が殺害されたのは板橋区赤塚6丁目の閑静な住宅街であった。殺害された丸山さんの自宅は、東武東上線の下赤塚駅から400メートルほど離れた場所にあった。

丸山さんが宅配業者を装った者に殺害されたという事件は、周辺地域の人々にも衝撃をもって受け止められた。さらに事件当時、近隣住民からは、発砲音が響き渡った際、「男の笑い声が聞こえた」という証言も捜査員に寄せられた。

数多い殺人事件の中でも拳銃による射殺という手口は極めて珍しく、また凶悪なものである。警察としても最大限の警戒心をもって捜査に臨んだ。

一般に銃が流通していない日本では、拳銃を使用した事件では暴力団などの関連が疑われる。ただし、暴力団が関係する事件では、一般人が狙い撃ちされることはほとんどなく、抗争など内輪の事件として終わるものが大半だ。

ところが、この事件で射殺されたのは、閑静な住宅街に住む暴力団とは関係のない工務店の経営者であった。それだけでなく、笑い声が聞こえたなどという猟奇的な話と相まって、事件が地域一帯に与えた恐怖は計り知れないものだったろう。

捜査はその後、大きな進展を迎えないまま2週間が経とうとしていた。さらに今度は東京都武蔵村山市で銃声が上がった事件が起きるのである。犯行手口は、丸山さんが殺害された状況と同じく、中身の入っていない段ボール箱を持った何者かが宅配業者を装って、対応に当たった当時75歳の男性に拳銃を発砲したもので、重傷を負わせている。

板橋区で丸山さんが殺害されてからわずか2週間足らずのこの事件を、捜査本部では関連事件として捜査することになる。めったにない拳銃使用の事件であり、宅配業者を装う手口もまったく同じ。関連があると考えても何の不思議もない。

結果的に、この武蔵村山市の事件は板橋区の事件とは関係がなく、まったく別の経緯で別のグループによって行われたものであった。だが、発生当初はそうは思われなかったのは当然であろう。

両方の事件を捜査したのは別々の捜査チームであったが、万が一関連があれば、連続銃撃事件ということになる。警察がそれぞれの事件に最大限の力を尽くして捜査したのは当然である。

そうした中で、板橋区の事件捜査では、前述の通り、事件発生直後から宗教団体とも占いグループとも言える組織が炙り出され、捜査線上に浮上していた。

そのグループの代表はYという女性だ。殺害された丸山さんの長女は笠原友子というが、笠原はYに心酔していた。笠原はYが代表を務めていた宗教団体とも占いグループともされる怪しげな団体にのめり込んでしまっていたのだった。その団体は、「ひまわりの会」や「向日葵」などと呼ばれていた。

歌舞伎町のビル火災が9月に起きたが、3カ月前の6月には板橋区では資産家で工務店経営者の丸山さんが殺害された。その2週間後には、武蔵村山市で75歳の男性が拳銃で発砲されて重傷を負う事件が起きた。それはすべて2001年のことだ。

この年の1月に「ひまわりの会」は、100人以上を東京都江東区に集めてイベントを開催している。これが後になって「『ひまわりの会』の全盛期には、熱心な信者が100人以上いた」と報じられる根拠となった。

会の名前やわずかな活動内容を紹介するだけでもなんとなくわかると思うが、Yが代表を務める「ひまわりの会」は、いわくつきの団体であった。

利用者に姓名判断や運勢相談をして金銭を集めたり、過去には祈祷《きとう》や独自に作成した「お札《ふだ》」を高値で売り捌いたりしていた。そのことで、購入者たちとの間でトラブルに発展したこともあった。それでも代表のYに心酔する信者がいたのである。

21世紀が始まった2001年は、まだバブル崩壊後の不況が続いていた。いわゆる「失われた10年」と呼ばれる長期不景気の末期に当たり、長く続く不景気は暗い世相を呼び寄せていた。実質経済成長率は2001年4〜6月期にマイナスに転じ、デフレが進行していた。

世の中は暗く、活力が乏しい時代。そういうときにこそ、人の心のすき間に入り込もうとする怪しげな宗教や占いといったものが流行するのではなかろうか。

後から聞けば、Yがやっていたこの「ひまわりの会」なる団体が、いかにも眉唾物であることは誰にでもわかることであるが、暗い時代の中で生きる人々の前に現れたときはどうだったであろう。わらにもすがる思いや光を見る思いで、そこに傾倒してしまう人たちがいることは、容易に想像できるのではないだろうか。

それに、今ほど何でもインターネットで検索できる時代ではなかった。SNSの普及により、情報の瞬発力や拡散力は考えられないほどのスピードになった今だからこそ、新興宗教や高値で何かを売りつけてくる胡散《うさん》臭い占いグループや祈祷師に対して、誰かが警告を発し、その危険性が広く認知されるようになった。

ただ、怪しい団体は、形や呼び名を変えて現在も存在している。それが一部の会員制の有料オンラインサロンなどである。

金銭を支払ってでもそこに参加したい人々は、信じる者、つまり信者となる。それは何もオンラインサロンだけではないだろう。Twitterなどでも起きている現象だ。

大勢のフォロワーを持っているアカウントが、自分の意に沿わない不愉快なコメントなどに対して、わざわざSNS上で晒すように批判し、あとは熱心なフォロワーが自動的に吊し上げるように仕向けていく。そうした熱心なフォロワーを募り、結局は有料のインターネットサイトにつなげていくのだ。だから、SNSを使うことによりスマートに見えるだけで、SNSもすでに宗教化していると言えるのかもしれない。

そもそもTwitterなどでもそうだが、なぜミュート機能やブロック機能がついているのか。それは醜い論争や他者を巻き込むような諍いを防ぐためだったはずだ。ところがそういった機能があっても無視し、わざわざ扇動して、自分が納得できないコメントをつけた人に対して、怒りをあらわにして大勢で吊し上げるツールにしてしまっている。

もちろん、扇動する人を熱心に支持する人間がいるからこそ、こうしたSNSでの集団攻撃という行為ができてしまうのだ。ここが、私が「SNSも宗教化している」と言う側面なのである。

話を板橋区の事件に戻せば、殺害された丸山寿治さんの長女、笠原友子も、「ひまわりの会」という怪しげな占いグループの熱心な信者の1人であった。

父親が射殺される事件の3年前にYと知り合った笠原は、徐々にYに心を開いていく。子供の進学などについてYに相談するようになり、1000万円以上を支払ってYから水晶玉や印鑑を購入するまでになっていく。

驚くべきことに、その購入費用は笠原の父親、つまり殺害された丸山さんが出していた。問答もせずに出していたわけではないだろう。丸山さんとしてはおそらくせがまれて、渋々出したに違いない。

それでも見るに見かねたのであろうし、その娘の目を何とか覚まさせてやりたいと思っただろう。目を覚まさせなければと思うのは父親として当然である。

このような経緯からも、丸山さんが娘の身を案じ、手元に置いておくためにも同居を促したとしても何らおかしくないだろう。丸山さんは娘に相続をさせないなどと考えるような人ではなかった。むしろ、娘のことに頭を悩ませながらも、何かと甘く接してしまう父親であったのだろう。

でなければ、いくら資産家であっても、当時44歳になっていた娘のために、1000万円以上もの金額を出してやるだろうか。それも、怪しげな占いグループが売り出している水晶玉や自作のわけのわからないお札などを買うためにである。

だが、父親が資産家だったことが仇となってしまう。Yにとっては、金づるとして笠原が格好の的となってしまうのであった。そしてYと笠原の会話の内容は、笠原の子供の進学に関する相談から、やがて丸山さんの遺産相続にまで及ぶようになってしまう。

悲劇の扉が開く瞬間があるとするならば、まさにこのときだったろう。

殺害を依頼した女と請け負った女の明暗は分かれた

人の命のやりとりが金銭で依頼される。非現実的なことであるが、確かにそうした依頼は存在する。

ただ、その依頼を受けて「殺し」を実行するのは、俗にいう「プロの殺し屋」などではない。少なくとも私の知る限り、ゴルゴ13のようなマンガやテレビドラマで見るようなプロの殺し屋などは実在しない。

あれはどれも映画やテレビ、小説の世界の中での話だ。金で殺しの依頼を受けて実行する者の多くは、借金苦で身動きがとれないようにされていて、その清算のためであったり、目先のいくばくかの金ほしさのためであったりする。中には将来が見通せないため、最後の一仕事として請け負ったりと、事情は様々である。では、それが「プロフェッショナル」かといえばそうではないだろう。

なぜならば、大体が一発仕事だからだ。殺しのプロという「職業」が仮に実在するならば、一度限りというのはおかしいわけであり、誰かが「殺し」を依頼できる環境にいなくてはならない。仮にだ。人伝えであったとしても「あそこに頼めば殺しの依頼を引き受けてくれる」という環境が裏社会で整ってしまえば、どれだけ連絡網を複雑化させていたとしても、人の口に戸は立てられない。単発的に何件かの「仕事」を請け負えば、すぐさま検挙されて廃業することになるだろう。

そして廃業は、プロの殺し屋にとって、生命の危機へと直結する。現行の刑事罰の基準に照らせば、2件でも金銭で殺しを請け負って逮捕された場合、法の裁きによって確実にその者の生命が絶たれることとなる。

強盗殺人罪は最高が死刑であり、最低でも無期懲役という日本の刑法でも最も重い犯罪である。死刑になるには判例として有名な「永山基準」というものがあるが、1人に対する強盗殺人で死刑になることもある。いずれにせよ殺人とは、自らの人生を失うことになる、極めて高いリスクを伴う行為なのである。

どれほど割に合わないかは、少し考えればわかることである。人を殺せば、自分が死ぬリスクがあるのである。それも「プロの殺し屋に殺される」などという次元ではない。司法による裁きによって「殺される」のだ。

法による裁きに未遂もなければ中止もない。確実に遂行される。したがってプロの殺し屋稼業が存在するならば、常に死と隣り合わせということになる。

無論、第三者による密告や、内部からのリークがあることも考えられる。殺し屋を職業として考えるならば、こうした営業妨害が起きる可能性も考えられるのだ。それに金銭的な支払いが滞ったからといって訴えるわけにはいかない。

そしてもう一つ。世間が考えるよりも、殺しの依頼の成功報酬の相場は安い。これほど割の合わない稼業はないだろう。

いくら高額の金を受け取っても、その金だけで殺しを稼業とするのは無理である。金銭による殺しの請け負いは、行われたとしても大抵は数百万円といったレベルである。そうした事情を考えても、「プロの殺し屋」などは存在しないことがわかるだろう。

余談ではあるが、私の地元、兵庫県尼崎市で起きた「尼崎連続殺人事件」（２０１２年10月に兵庫県尼崎市で発覚した、角田美代子を主犯とした連続殺人及び死体遺棄事件）についても、その真相を追った何冊かの書籍が出版された。その一冊に、尼崎連続殺人事件の主犯であった角田美代子らのグループとも関わりがあり、ヤクザともつながりのある、「X」なる危険な集団が存在している、という記述があった。

だが実際、その「X」なる集団は、生活保護を不正自給しており、朝から駅周辺などにたむろしている人間たちにすぎないことを私はよく知っている。そうした本は読む分には面白いかもしれないが、では実際の内容はどうかというと、そんなものである。

さて、怪しげな占いグループによる殺害事件に戻ろう。父親の殺害を唆された笠原友子がYに殺しの依頼を持ちかけたのは、2000年10月。新宿区の某ホテルのコーヒーラウンジでのことであった。

「父が私に断りもなく、勝手に遺産の相続を決めてしまった。もう殺すしかない。お願いできないか」

唆したのは、確かにYである。だが、この笠原の言葉が、笠原を後々二度と社会の地を踏ませない無期懲役の判決へと導いてしまう。

Yが代表を務める「ひまわりの会」と呼ばれた占いグループには、アドバイザー的存在のWという男がいた。笠原の殺害依頼を受けたYは、すぐさまWに工務店経営者で笠原の実父の丸山寿治さんの殺害を指示。これによってWは2000年12月から、丸山さん殺害のための殺し屋を探すことになった。

このとき、笠原から丸山さん殺害の着手金として、すでに現金で500万円がYへと手渡されていた。まさか手塩にかけて育てた娘が、遺産ほしさに、自分を殺すために殺害を依頼し、500万円もの金を使っていることなど、当時の丸山さんは想像すらできなかっただろう。

Yから殺害を指示されたWは、まず知り合いの暴力団周辺者に声をかけ、殺害を依頼することになる。おそらく反応がよかったのだろう。このときにYが笠原から受け取った着手金を、声をかけた暴力団周辺者に渡している。

またWは別のグループにも丸山さんの殺害を依頼した。この辺りを見てもWがただの一般人でないことが見て取れる。

本来、通常の社会生活を営んでいれば、周囲に金で殺害を依頼できる相手など存在しないはずだ。だがWは、二つのグループに丸山さんの殺害計画を持ちかけている。

ただ、Wのこの行動はあまりにも早計であった。殺害依頼など普通はしない。普通はしないことであればこそ、二つも三つものグループに依頼してはならないのだ。

殺しを二つのグループに依頼するということは、それだけ人を金で殺そうとする計画が明るみに出る可能性が高くなる。それに、実際二つのグループが別々に殺害のために動き出したとなれば、後々、必ずトラブルのもとになる。

Wの凡ミスはさらに続く。殺害を依頼していたグループに、丸山さん宅の住所を誤って伝えてしまったのだ。その挙句、手付金を渡した人間らに、手付金を持ち逃げされるという失態まで犯してしまう。

もしかしたら、Wは丸山さん殺害に気乗りがしなかったのかもしれない。殺害の実行犯への渡りを自分がつけたとなれば、事件後の捜査で事実が解明されていったとき、自分の存在は当然明らかになる。そうすれば当然、罪に問われることになる。

問われる罪はきっと殺人罪か殺人教唆などになる。要はリスクが大きい。そう考えて気乗りしなかったのではないか。そうでなければ、住所を誤って伝えたりするだろうか。

なんのかんのといって先延ばしにして、この殺害計画が実行されないようにしたかったのだろうか。今となって、このときのWが本当のところ、どういう気持ちでいたのかはわからない。

いずれにせよ、こうしたWの度重なる不手際に対しいらだちを見せ、再三に渡って殺害計画の催促をしていたのが、丸山さんの遺産や成功報酬をあてにしていたYであった。

「年内に殺してほしい」

YのWに対する催促は、徐々に厳しくなっていったという。

もっともWとしても、殺害による利益は十分に共有できるものであったことは間違いない。丸山さん殺害により、莫大な遺産が笠原のもとに渡れば、当然Yにも多額の金が入るであろう。W

としては、そのうちの一部をもらえると考えていただろう。ゆえにそうやってつてを何重にも辿り、殺害の実行役を探し続けたのである。

そうして、殺害を依頼し遺産の相続を目論む女。殺害の依頼を金銭で請け負い、莫大な遺産から多額の金銭をもらえると期待する女。2人の女には同レベルの刑罰が適用されてもよいのではないかと思うが、のちに2人の明暗ははっきりと分かれることになる。

後日、この事件の容疑者らが次々と逮捕され、刑事裁判に至った際、殺害を依頼した笠原が無期懲役だったのに対して、ひまわりの会の代表Yに下された判決は懲役20年であった。仮に満期出所であったとしても、Yは2023年には出所してくる予定である。

殺人依頼者が支払いを拒否したため、関係者の運命が狂い出す

犯罪で得た金銭というのは、得てしてトラブルを招きやすい。なぜならば、表に出てはならない金だからだ。

仮に約束を違《たが》えられたり持ち逃げされたりしても、警察に届け出たり訴えることはできない。だからこそ、余計に約束が実行されないと、反故にされた側は意地になってしまう。

仮に残りの報酬――たったの200万円――が支払われなかったばかりに、嫌がらせのため「明

星56ビル」に火が放たれ、結果として44人もの人々の命が奪われることになったなら、それは到底、許されることではないだろう。

Yに頼まれたWが最終的に殺害を依頼したのはKという男であった。そしてこのKが、実際の殺害実行役を手配することになる。WからKに手渡された最初の金は1000万円であった。

1000万円で丸山さん殺害計画に着手したKは、Wに対し、中国国際密航組織の「蛇頭」に殺害させると言いつつ、実際に相談したのは韓国籍で、元暴力団員のYKであった。そして、YKの舎弟であったISとANが実行役に起用された。この4人によって丸山さんの殺害は実行されることになる。

ところが、金銭によって丸山さんの殺害を実行したKらのグループと、殺害を依頼したY及びWサイドが、残りの成功報酬を巡って揉めていくことになる。

なぜ、そのようなトラブルに発展することになったのか。それは依頼主の笠原友子が、丸山さん殺害後、残りの成功報酬の1000万円を依頼主のYに支払うことを拒否し始めたからだ。つまり、Yが笠原に対してかけた洗脳が、そのときには解けてしまうのである。

金は人の本性を如実にあらわにする魔物である。Kらによって丸山さんが殺害された後、長女であった笠原は、不動産や預貯金など1億円を超える遺産をすんなりと相続することになる。そこまでは笠原にとってもYにとっても計画通りだったと言えるだろう。

しかし、ここで考えもしなかった事実が明らかになる。それは生前、丸山さんが認《したた》めていた遺産相続に関する遺言であった。

丸山さんの死後、丸山さんが作成していた遺言が出てきたのである。そこには、丸山さんの遺産は、すべて笠原に相続されるように記されていた。

占い師にのめり込み、病弱だった丸山さんの妻の面倒を見ようともしない娘に対し、口では養子を迎えて、その養子に遺産の一部を相続させると仄《ほの》めかしながら、実際は娘にちゃんと遺産が相続されるようにしてくれていたのだ。

それは、笠原にとっては意外なことであったのかもしれない。そんな父親の意図など知るよしもなく、自分が相続できないことをあれほど恐れていたのに、一体その恐れは何だったのかということになる。

こうした事実を知ることで、笠原は、Yに唆されたと解釈する。この段階になってようやく気づいたといってもよいかもしれない。皮肉なことである。

父親である丸山さんは長女の笠原に対して、目を覚まして、Yから離れてほしいとおそらく必死に願っていたであろう。だが、その丸山さんは、笠原とYの謀略によって殺害された。

その後に笠原は初めてそのことに気づくのである。では、気づいた笠原はどういう行動に出たのか。

遺産をもらうことを目的としたYに唆されていたと解釈した笠原は、成功報酬として支払う約束となっていた残り1000万円をYに支払うことを拒否するのだ。この決断と行動が、YやW、果てはKら殺害の実行グループに至るまで、この事件に関与した連中の算段を一からすべて狂わせていくことになる。

事情はどうであれ、殺害を依頼したのは笠原であり、登場人物のすべてが丸山さんの遺産が目当てであった。そして笠原に関しては、遺産相続が目的で実の父親の殺害を依頼した事実は動かしようがない。

「唆された、乗せられた、騙された」などといった次元の問題ではないのだ。ところが、笠原は父親の本意を知って、「唆された、乗せられた、騙された」と解釈したのだ。

当然、焦ったのはYたちであった。成功報酬が入る予定だったのが一転、W経由で殺害を依頼したKたち4人に成功報酬の1000万円を支払うよう、Kたちに詰め寄られる立場になるのである。

頼みの綱、というより殺害の依頼主であり、そのための金を出すはずだった笠原は、大金を得た後、すっかりYの呪縛から解放されてしまった。そしてYとの交際を断つようになっていった。だが、殺害を請け負った4人にとっては金の出所がどうなったかなどの事情はどうでもいいのである。

金さえ払われればいいことである。というか、殺害を実行した以上、金はきちんと払われなければならない。

仮にYが「笠原が払わないのよ」という言い訳をしたとしても、そんなことは関係ないだろう。「自分たちは言われた通り殺害を実行した。何でもいいから約束の金は払え」という言い分しかなかったであろう。

結果として、Kら実行グループの4人は、Yらへの責任追及を日増しに強めていく。要は残りの1000万円を払えと迫ったのだ。そして、一向に成功報酬が支払われないKたちは、確かにこのとき業を煮やしていた。

この事件が歌舞伎町のビル火災と結びついていくのは、この殺害実行後の金の支払いを巡るトラブルがあるからである。結果として、Kら実行グループがいくらYやWに残金の支払いを要求しても、それが支払われることはなかった。

なぜなら、そもそもYやWにそんな金はないのである。払うべきものがなければ、いくらせっつかれても、払わなければいけない道理があっても、払うことはできない。

つまり、Kら実行グループは、大いなるリスクを背負って殺人という行為を実行したにもかかわらず、約束されていた金を受け取ることはできなかったのだ。

当然、YやWに対する不満は、もはや不満という言葉で言い表せるものではなかったはずだ。

そしてその矛先はYの関係者、周辺者、親族へも向けられたのではないかという推測が成り立つ。Kらにとっては金が払われないだけでなく、メンツも潰されたことになる。約束が反故にされたのを簡単に許すわけにはいかないだろう。約束を破る者には、それなりの態度で臨まなければならない。それが、彼らの世界では道理であっただろう。

「報復」。いや、そこまで過激な行為でなくとも、「軽く脅してでも、けじめをつけさせなければならない」とKらが考えても何ら不思議ではない状況であったということだ。

そして2001年9月に起きたのが、歌舞伎町ビル火災である。火元と見られる3階エレベーターホールに面していたのは麻雀ゲーム店だったが、その店の実質的なオーナーはYの娘婿であった。

果たして、これはただの偶然だったのだろうか。

成功報酬の要求は歌舞伎町ビルの出火元付近の店に向かったのか

板橋区の事件、つまり丸山さんが殺害された事件が動いたのは、2003年1月8日のこと。その日付から、警視庁捜査一課では2002年の年末には容疑を完全に固め、年明けに一斉検挙を考えていたのではないかと思われる。

この日に逮捕されたのは、Yに頼まれて殺害を依頼したW。そしてWから殺害を請け負った中国籍のK。さらにKから殺害の相談を受けた韓国籍で、元暴力団員のYK。そのYKの舎弟で塗装工のIS。同じく塗装工のANであった。

この時点で、高島平警察署に置かれていた特別捜査本部では、事件に携わった5人の役割分担を完全に把握していた。そして、その中でも警視庁捜査一課が目をつけていたのが、丸山さん殺害の実行犯であったANであった。

実行犯というのは、現場で一番リスクを負うことになる。だが、ANが丸山さん殺害で手にしたのは着手金の1000万円の中の200万円だけ。本来なら成功報酬として残り200万円がANの懐に入る予定だった(「残りの報酬――たったの200万円――が支払われなかったばかりに」と前述したのはこのことである)。

それでも計400万円ということになるが、殺人に対する報酬としては、あまりにも低額と言えるだろう。しかも成功報酬としての200万円は永遠に支払われることがなかった。それこそが、歌舞伎町ビル火災の動機だったのではないかと捜査本部は睨《にら》んだ。

5人が逮捕された当日、警視庁捜査一課は「ひまわりの会」の代表であったYの自宅にも家宅捜索をかけている。そして、最初の逮捕から2週間後となる1月23日。YとYの弟で、「ひまわりの会」のメンバーだったTNを殺人の容疑で逮捕。

さらにその2日後、丸山さん殺害に使用された自動式拳銃・マカロフと実弾8発を売り渡したとして、元暴力団組員を逮捕している。捜査の手は着々と伸びていった。

そしてYの逮捕からちょうど1カ月後の2月23日。「父親の殺害を依頼」したとして、丸山さんの長女である笠原友子が逮捕された。それが一連の逮捕劇の最後であった。

Yは逮捕後、丸山さんの殺害を指示したことを頑なに否認した。だが、Wから殺害依頼を受けたKら4人は逮捕直後から殺害を認める供述をしており、Wもまた逮捕後の取り調べの際に「Yから殺害を指示された」と自白している。

この際、WはYの弟のTNから数回に分けて、丸山さん殺害の着手金となる1000万円を受け取ったことも明かしている。その1000万円はそっくりそのまま着手金としてKら4人に手渡していた。後日、丸山さんの遺産が入れば、当然、自分にも成功報酬が入ると考えていた。

それが笠原のYに対する心変わりで、Wをはじめとして Kら4人にも成功報酬は支払われなかった。そのことが原因で、Kら4人の怒りの矛先は、殺害を計画したYに向いていたし、Wにも向けられていた。

YやYの弟のTNからすれば、殺害後に遺産相続されたにもかかわらず、笠原が支払いを拒否したことが原因ということになる。だが、殺害を請け負い実行に移したKらにはそんな事情は関係がない。とにかくWを通じてYから持ちかけられた話だ。

笠原が払わないのなら、「お前たちが支払え」という話になるのは、当然の流れであったかもしれない。そして「支払え」と求める対象者は、Yの身内にまで向いていたのではないかと見られていた。

その身内とはYの娘婿だったのではないかと考えられた。そのYの娘婿こそが、麻雀ゲーム店「一休」の実質的オーナーであった。つまり、火災が起きた「明星56ビル」の火元とみられる、3階にあった麻雀ゲーム店の実質的オーナーだったのだ。

なぜ、Yの娘婿に矛先が向けられたか。それは羽振りがよかったからだろう。Yの娘婿はグレーなビジネスに手を染めており、そこを脅せば不払いの成功報酬1000万円が支払われるのではないかと思ったのではないかと推測される。

「Yが支払えないなら、お前が払え」。Kらの理屈では、そうなっていったのではないか。

嫌がらせで火をつけただけなのに、44人死亡の大惨事に？

さて、ようやく事件の全体像が見えてきたのではないだろうか。工務店経営者の射殺事件の話を長々としてきたが、本題である歌舞伎町ビル火災に結びついたところで、すべての話を一本にして進めたいと思う。

歌舞伎町ビル火災で最も被害が甚大だったのが、3階の「一休」と3・4階のセクシーパブ「スーパールーズ」である。そして火元と見られたのが、3階エレベーターホール。火元のちょうど脇となるのが「一休」の出入り口なのだ。

前にも言及したが、この「一休」は高配当レートの違法賭博店だった。「一休」の契約上の名義人はYの娘婿ではない。あくまで名義人は「明星56ビル」の所有者だった「有限会社久留米興産」から借り受けた別の会社だった。

だが、そこからさらに東京都内のリース会社に又貸しされていた。その又貸しに関係していたのが、つまりYの娘婿となるのだ。そうした背景から、丸山さん殺害と歌舞伎町のビル火災が結びつけられていく。

当然、こうした背景は捜査機関である警視庁でも把握していた。その背景を総合していった結果、「成功報酬の不払いを恨み、Yらへの嫌がらせを考えたのではないか」と推測された。

これは単に推測に推測を重ねた話ではない。実際にAN自身は、工務店経営者の丸山さん殺害事件で逮捕された後、取り調べで、「その後に追加で成功報酬が支払われる約束だった」と供述している。

もうわかると思うが、推測として成り立つのは次のようなシナリオである。

工務店経営者の殺害を依頼されたKら実行グループの1人であったANが、約束の金が払われないことで、報復としてYの親族が実質的に経営する歌舞伎町の麻雀ゲーム店に火をつけた。捜査当局としての警視庁も、そういった筋書きを考えただろう。

ただ……、である。仮にこうした推測が事実であったとすれば、不払いの200万円のために火が放たれ、44人もの死者を出す大惨事となったことになるが、これは少し違うだろう。

つまり、ANはここでも実行犯でしかなかったのかということだ。本来なら、ANを含めてKらには成功報酬が1000万円支払われる予定であった。

Wから丸山さん殺害の依頼を受けたK。Kから相談を受けた元暴力団員のYK。そしてYKの舎弟AN。この流れは、そのまま各人物の力関係を示すことにもなる。

「おい、お前、あそこの店に嫌がらせで火でもつけてこい!」くらいの会話があったのではないかということだ。

丸山さん殺害の実行役であったANは、成功報酬をもらう前に、わずか200万円でISと共に人を殺している。兄貴分であったYKから、残りの成功報酬の200万円をもらうため、ISにも200万円をきっちり支払わせるため、店に火をつけるくらいの嫌がらせは簡単に実行できたのではないか。

仮にこの推測が当たっているとして、Kらが報復のためにこれほど大規模な火災を起こすつもりはなかったであろう。あくまで嫌がらせが目的であったはずだ。店が燃えて、ボヤが起きる程度と安易に考えていたのだろう。

なぜなら、それで相手に意図は十分に伝わるからである。出るはずのないところから火が出る。それがボヤ程度であっても、それが何を意味するか、ダークな社会に生きる者にはわかるのである。

20世紀初頭、アメリカのニューヨークを中心に、当時の全米社会を恐怖に陥れたイタリア系マフィアがいた。映画『ゴッドファーザー』などで有名な5大ファミリーが登場する少し前の話である。

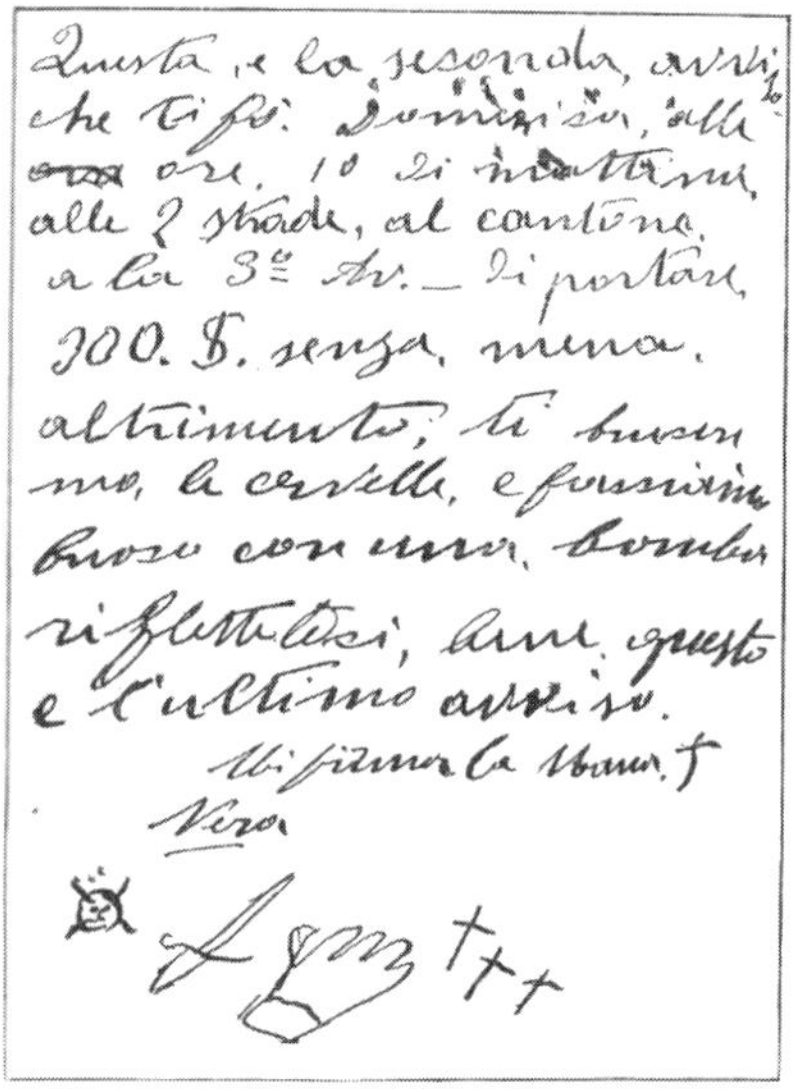
Questa e la seconda avviso
che ti fo: Domenica alle
ore 10 di mattina
alle 2 stade, al cantone
a la 3a Av. _ di portare
300. $. senza meno.
altrimento, ti bruscere-
mo la cervelle, e fu
brosco con una bomba
riflettetoci, ammi questo
e l'ultimo avviso.
Ti firma la Mano
Vera

イタリア系マフィアの組織「ブラック・ハンド」は狙った市民のもとに、黒い手のマークが入った手紙を送りつけた（画像はブラック・ハンドによる脅迫状。最後に手のマークが書いてある）。


その一大組織は「ブラック・ハンド」といった。そう、狙われた市民のもとには、黒い手のマークが入った手紙が届くのである。

その手紙を受け取った者は、金銭の支払いを求められ、支払いを拒めば、自宅を爆破されたり、酷い場合は殺されたりすることもあった。

歌舞伎町の雑居ビルで、ターゲット

となる人物の関係する店で、出るはずのない火が出てボヤ騒ぎになる。それは、イタリア系マフィアにおける黒い手のマークと同じことである。「すべてを言わなくてもわかるな」。そういうメッセージが相手に伝わるのである。

だが、結果は違った。大量の黒煙や火柱が上がり、44人もの人々が命を落とす大惨事になったのである。それゆえ、重大事件として捜査が続けられることになるが、そうした大惨事に発展するとは、ANらは想像すらしていなかったのではないだろうか。

歌舞伎町のビル火災は結局、迷宮入りに……

この歌舞伎町のビル火災を巡る話も佳境に差し掛かってきた。ここで私の姿勢について少し触れておきたい。

私は未解決事件を取材する際、可能性を潰していく作業を行い、いたずらに仮説や憶測に囚われたりしない。好奇心などに惑わされることも決してない。

これまでどれだけの書き手が、自分の描くストーリーに酔いしれて、真実とかけ離れた結論に辿り着いてきたことか。その結果、ノンフィクションであったはずの内容をフィクションに変えてしまったことか。それはそれでまた一興なのかもしれないが、私はそんな書き手は評価しない。

そのような思いを持ち、事実を一つ一つ丁寧に確認していく作業を繰り返す中で、結果的にわからないことはたくさんある。何しろ未解決事件という、わからないまま終わった事件を相手にしているのだから、それは当然だろう。

だが、そうやって丁寧に事実に向き合っていくと、その手前の部分では大いなる推測、想像をかき立てられたが、結果としてそれは誤りであるという結論に辿り着いた点もあった。つまり可能性として完全に潰された点もあった。

例えば、板橋区の殺人事件後のわずか2週間後に、武蔵村山市で起きた同じ犯行手口の殺人未遂事件である。概要は前に触れたのでここでは繰り返さない。

この事件は２００3年11月に「不倫関係を続けるための身勝手な犯行」として、主犯格の男に懲役14年の実刑判決が言い渡されている。結果的に、板橋区の事件とはまったく無関係であったことが証明されたのだが、ただ報酬として実行犯の暴力団関係者らには、２５００万円が渡されていた。

結局のところ、殺しも金次第という点では、同じであったと言えるのかもしれない。この事件では、殺害を依頼した主犯格の男は、会社社長でもあった。会社の経営者でありながら、不倫という危うい恋愛が、人生を狂わせてしまったのだろうか。

いずれにせよ、面白おかしく推測するだけで物事を語ろうとすれば、この事件も、工務店経営者の射殺事件や、果ては歌舞伎町のビル火災と結びつけられてもおかしくないのである。だが事実を一つずつ潰していけば、そういったことにはならない。

きちんと事実を調べずに書けば、単なるフィクション、物語になってしまう。巷にあふれ返る「真犯人に迫った」「真実を明かす」などとうたう多くの眉唾な薄っぺらな読み物と同じになってしまうのだ。

さて、歌舞伎町のビル火災に結びつく工務店経営者の殺害事件である。

逮捕後、頑なに事件との関わりを否定していたYであったが、WやKら4人の供述で、ついに追いつめられたのだろう。その後に殺害を指示したことを認めて、懲役18年の実刑判決が言い渡された。仮釈放の恩恵にあずかっていなければ、2020年現在もまだ服役中ということになる。

そしてYから言われ、殺害計画の実行役に渡りをつけたWもまた、「丸山が死ねば、遺産として笠原に流れる不動産の処分や管理を任せてもらえると思った」などと供述し、刑に服することとなった。

丸山さんが殺害された後、Yによるマインドコントロールから解き放たれた笠原は、そのまま丸山さんの工務店を継ぎ、およそ1億4000万円に上る資産を相続した。そして逮捕後に警視庁の取り調べに対して「Yに騙された」と供述し、逮捕者の中では誰よりも重い無期懲役という刑に服することになる。

現在の無期懲役とは、世間で一般的に考えられるよりもはるかに厳しい。ほぼ、終身刑と同義語といっても過言ではないだろう。父親の遺産を目当てにして犯した罪は、生きている限り、獄中で償い続けることになった。

こうして、板橋区の資産家殺害事件は幕を下ろすことになるのだが、下ろしきれない幕もあった。ただ、その幕は結局、上がりきることもなかったのだが……。

2001年9月の歌舞伎町でのビル火災直後。警視庁による捜査が進められる中で、火災の3カ月前に起きた板橋区の殺害事件と関連し、捜査線上に浮上していた「ひまわりの会」の代表Yと、被害に遭った麻雀ゲーム店「一休」の実質的オーナーが縁者であったことは、容易に突き止められただろう。

捜査は多方面に渡って進められていた。その中では、違法賭博を営み、暴力団ともつながりがあった「一休」が、賭博を巡って第三者の恨みを買っていた可能性も調べられていた。

当時の歌舞伎町では、「一休」に限らず違法賭博店も数が多く、同業者による縄張り争いがあったことも判明している。その一方で、賭博絡みとは違う、あくまで別の怨恨による放火であったなら、板橋区の事件での成功報酬と関連があるのではないかと疑われ、捜査されていたのだ。

実際にＩＳは、板橋区の丸山さん殺害の件で警視庁による取り調べを受けた際、歌舞伎町ビル火災についても尋問されている。だがＩＳは当日のアリバイを挙げて、断固としてその件との関わりを否定してみせた。そのアリバイが虚偽であったのではないかとの話もあり、捜査一課ではＩＳを火災事件でどうにか逮捕できないかと模索してもいた。

しかし、検察サイドでは決定的な証拠もない上に、ＩＳの自供が取れてもいない状態では、裁判維持は到底困難と判断。ＩＳの放火容疑による逮捕は見送ることになった。そしてＩＳには、２００４年1月に丸山さんの殺害のみで懲役15年の判決が下された。そう、ＩＳは現在、すでに野に放たれているのだ。警視庁の粘り強い捜査も、ここまでが限界だった。

ＩＳとしても、仮に歌舞伎町ビル火災の放火の犯人であったとしても、死んでも認めるわけにはいかないだろう。当然だ。44人の死亡の原因が自分の行為だったと進んで認めることなどあるはずがない。

殺意の有無はともかく、仮にＩＳによる犯行だったとして、それをＩＳが一度でも認めてしまえば、44人もの人々をこの火災によって死亡させたことになるのだ。事実であったとすれば、「死刑」をもってしても足りないということになるだろう。

仮にだ。ＩＳが放火の実行犯だったとしても、命がかかっているのだ。そう易々と事件との関与を認めることはない。

そして、歌舞伎町ビル火災の捜査は迷宮入りしてしまうのであった。

た。

※

歌舞伎町ビル火災から15年が経った2016年。放火罪に対しては時効が成立することになった。

だが、2010年に刑事訴訟法が改正され、殺人罪の時効は撤廃されている。つまり、警視庁が「歌舞伎町ビル火災で44人が死亡した事件」に対して当時仮定した殺人罪については、未解決のまま現在に至っているわけだ。だが、捜査が続けられているかといえば、そうではない。

この話の最初に書いた通り、捜査書類はすでに新宿警察署のロッカーに眠っている。仮に犯人がいたとしても、本人がわざわざ自供でもしない限り、もう解決されることはないだろう。

だが、確かに事件当時、捜査一課ではISを容疑者ではないかと疑った時期があった。そして当時、事件を担当した多くの捜査員は、歌舞伎町ビル火災について「あれは放火事件だった」と見ていたのは間違いない。

そもそも、出火原因の話は別にして、「明星56ビル」は危険な建物であった。簡単にいえば、消火や避難が非常に困難なほど、建物の管理がおろそかで杜撰《ずさん》であったのだ。

それが被害を拡大させることになる。犯人がいたとしたら、犯人にとっても、まさかの展開で

新宿・歌舞伎町の現在の様子。今も変わらず日本一の歓楽街であり、不夜の街である（2020年3月撮影）。

あっただろう。つまり、ここまでの大惨事になるとは予想すらしていなかったはずだ。腹いせであれ、怨恨であれ、目的はボヤを起こす程度であったのではないか。44人もの人たちの生命を奪ってまで晴らさなければならない怨みが「明星56ビル」にあったとは、どうしても思えないのだ。

仮にこのビルやビル関係者と何の関わりもない、ただの通りすがりの「流し」による放火だったとしたら、どうだっただろうか。可能性としては、極めて低いだろう。なぜならば、わざわざ3階まで登っていく必要がないからだ。火をつけることが目的であったとすれば、ビルの1階で十分だった。

だが火元は3階であった。それはやはり、放火であったならば、「一休」が関係していたと見るのが自然だろう。

前述したビル管理が杜撰だった点は社会的にも大きな反響を呼び、この火災を機に消防法が改正された。ビルの防火管理も厳しく義務づけられるようになった。

だが奪われた44人の生命は、決して戻ることはない。どれだけ消防法が見直され、厳格な運営がされるよう改善されてもだ。それを考えた場合、歌舞伎町ビル火災をこのまま風化させてはいけないだろう。

長々と語ってきたように、この歌舞伎町のビル火災を調べれば、そこには複雑な背景が浮かんでくる。一見してまったく関係がないように見える3カ月前の資産家殺害事件があり、まだ歌舞伎町で中国マフィアや暴力団が今以上に跋扈《ばっこ》していたという時代背景もある。

だが、時はすべてを風化させる。喜びも憎しみも悲しみさえも、時の流れには勝てず、忘れ去られてしまう。

それでも風化させてはならない記憶がこの世界にはある。その一つが歌舞伎町ビル火災なのではないだろうか。

第4章 世田谷一家殺害事件

――多くの遺留品がありながら容疑者すら浮上してこないが、犯人死亡の可能性も考慮しつつ捜査は続く

「調べれば調べるだけ、世田谷だけはわからない」

街の至るところに設置された防犯カメラ。今では特段、珍しくもない光景だが、防犯カメラの設置が本格的に進められたのは、ある事件がきっかけだった。

その事件とは、2000年12月30日に東京都世田谷区上祖師谷《かみそしがや》3丁目で発生した一家4人強盗殺人事件。通称「世田谷一家殺害事件」として知られている。

事件が起きたのは、20世紀の終わりを間近に控えた2000年12月30日の夜。東京都世田谷区

上祖師谷3丁目の宮澤みきおさん（当時44歳）の2階建て住宅に何者かが侵入した。

一帯は都内でも人気のある世田谷区の閑静な住宅街。高級住宅地として知られる成城にも近く、宮澤さん宅があったのも、緑が多く、川沿いに大きな一戸建て住宅が建ち並んだ、比較的裕福な人たちが多く住むエリアだった。

犯人は、自宅にいたみきおさんと妻の泰子さん（当時41歳）、長女・にいなちゃん（当時8歳）、長男・礼くん（当時6歳）を殺害。翌31日午前10時50分頃に、隣に住んでいた泰子さんの母親が発見し、事件が発覚した。

警視庁捜査一課は、すぐさま強盗殺人事件として成城警察署に特別捜査本部を設置したが、現在に至るまで未解決のまま。毎年のように事件解決のための情報提供が呼びかけられ、多額の懸賞金もかけられ、ポスターは日本中の警察署や交番に貼られている。日本殺人事件史の中で、最も有名な未解決事件の一つと言えるだろう。

事件発生から20年目を迎えた現在、周囲の宅地は東京都が買い上げて公園となっている。だが、事件現場となった宮澤さん宅だけは、歳月と共に老朽化が進んだものの、今もそのままの姿で残っている。

時と共に変わったこともある。これまでは年末になると、警視庁幹部が現場を訪れて献花をし、手を合わせて事件の解明を誓うのが恒例となっていた。それは2年ほど前から取り止められているようだ。

また、特別捜査本部が設置された成城警察署では、24時間体制で警察官が家屋前を見張ってきたが、それも2019年中に撤収したらしい。同時に、警視庁は事件に関する証拠類はすべて保全し、今後の捜査に支障はないとして、現場住宅の取り壊しを遺族に打診した。

しかし、遺族の1人である泰子さんのお姉さんが、社会の中で事件の記憶の風化が進んでしまい、「事件がなかったことになってしまうのではないか」との危惧から取り壊しの撤回を求めたことで、結論は先送りされた。結局、現場の住宅は現在も残されたままになっている。

現在、被害者一家に近しい遺族としてご健在なのは、事件解決のために積極的にメディアに登場してきた泰子さんのお姉さんと、みきおさんの母親の2人だけとなる。だが、2人の間には交流はほとんどないようだ。

みきおさんの母親は、とにかく犯人が逮捕されることだけを願い、メディアに登場する機会は決して多くない。事件の節目となる年末にわずかな時間カメラの前に立って、解決を願う気持ちと情報提供を求める短いコメントを発するだけだ。

それに対し、泰子さんのお姉さんはペンネームで本を出版したり講演会を開催したりと、積極的に活動を続けている。事件の解決という目的は同じだが、2人の立ち位置はかなり異なっている。

一般的に、殺人事件の遺族がメディアに頻繁に登場するケースは多くない。解決を願って捜査には協力をしても、世間に対して声を上げるのは負担も大きい。

もちろん、犯罪被害者の遺族には遺族にしかわからない感情が存在し、「そっとしておいてほしい」という遺族も少なくない。

ただ、泰子さんのお姉さんは少し違った。自ら積極的にメディアに登場し、被害者らの遺品などを公開。講演会を開いたり本を出版したりした際は、必ずマスコミにも取り上げられた。その中で、泰子さんのお姉さんの意に沿わない放送をしてしまったことで、泰子さんのお姉さんから叱責を受けた某ＴＶ局もあった。

もちろん、そういった振る舞いも、ただただ事件解決を願っての主張があったからであろう。誰かに咎《とが》められるものでもない。

近年、捜査に大きな進展はないものの、警視庁は毎年のように新たな捜査情報や資料を公開するなどして情報提供を呼びかけている。２０１８年12月には、事件当時の様子を再現した３Ｄ動画を作成し、ホームページで公開した。

その後も、現場の遺留品の一つであるハンカチを、犯人がどう使ったかを再現した写真や動画などを公表するといったことを続けている。

いずれにせよ、警視庁が小出しでメディアに情報提供しているかのような印象があるが、実際はそうではない。世田谷一家殺害事件についての捜査情報は、ほぼすべて出し尽くされているの

事件現場である宮澤さん宅。見張りをする警察官の姿は今はない(2020年5月撮影)。

成城警察署入り口には情報提供を呼びかける掲示があった(2020年5月撮影)。

警視庁では事件当時の発生現場付近のイメージ3D動画を制作・公開している（画像はその一部）。

だ。

そもそも、未解決事件の情報を小出しにする必要性もなければ、極秘にしておく意味もない。是が非でも事件を解決させたいという願いは誰しも同じだ。

遺族らと接する捜査員や記者らは、少なからず事件解決を願う気持ちを共有し続けている。警視庁がわずかでも手がかりにつながり得る情報を提供するのは、事件を追い続ける粘り強い姿勢を示すためである。マスコミもまた、そのための取材を続けてきた。

「何でもいいので、これまでに世の中に出ていない情報を少しでも出してください！」

警視庁から毎年のように公開されている情報は、こうしたマスコミの要請を受けて、探し出された末に出てきているものである。裏を返せば、それほどまで捜査は手詰まりとなっているとも言える。

他方で、長らく世田谷一家殺害事件を取材してきたというジャーナリストや元記者らが、あたかも犯人に辿り着いたかのような仮説を披露している。だが、現場の記者らは、「あの人たちは聞いてきた話を、あたかも自分たちが取材したように話しているだけ。あくまで仮説ですから、何の確証も根拠もありません」とバッサリと切り捨てている。

それはそうだろう。結果として、犯人が逮捕されていないのだ。そうした仮説に信憑性があれば、容疑者や重要参考人として捜査されているはずだ。

現状でいえば、あれだけの遺留品が現場にありながら、有力な容疑者すら浮上していないのだ。もっとも、それだけにいくらでも仮説を立てることができてしまうことにもなる。

世田谷一家殺害事件の取材を始めた際、長年、現場で事件を追い続けてきたある人がこう話していた。

「調べれば調べるだけ、世田谷だけはわからない」

後に、私もその言葉の意味を理解することになっていくのであった。

DNA型鑑定からも見えた「外国人犯人説」

事件発生当初、警視庁捜査一課内部では「犯人はすぐに捕まえられるだろう」という楽観的な見方が強かった、といわれている。それは、他の事件と比較しても、現場の遺留品や遺留物など、犯人に直結する証拠の多さが群を抜いていたからだ。

一般的に、殺人事件のほとんどは発生の直後に解決することが多い。大抵の事件の容疑者は、被害者の家族や知人など、何らかのつながりがあるからだ。

世田谷一家殺害事件では、それに加えて、現場から犯人のDNA型や指紋も採取されていた。結果論だが、それがかえって仇になってしまったのかもしれない。なぜなら、そうした背景もあって、事件発生直後の聞き込みなどが十分になされたとは言えないからだ。

例えば、現場近くにあった医療施設や、現場周辺で行われていた工事の関係者らへの本格的な聞き込みも、事件が迷宮入りしてから実施された。そのため、十分な聞き込みができる状況ではなかったという。

そうしたことから、未だに犯人が宮澤さん一家と面識のある「鑑」だったのか、まったく無関係で宮澤さん宅に押し入った「流し」だったのかさえ、よくわかっていない。

その他にも、最初に発見されたときに、宮澤さん宅の電気が消灯していたかどうかさえ、未だに判然としない。犯人の侵入経路についても、風呂場からの侵入説が有力なだけで、特定するには至っていない。

後になって、捜査における初動の見立てが誤りだった可能性が浮上したということもある。犯人の逃走時間がそうだ。当初、犯人は翌31日の朝方まで事件現場に居座っていたと推測されていた。だが、事件発生から14年が経過した2014年、別の疑いが出てきたのだ。

これまで多くのメディアでも報じられてきたように、犯行後、犯人が朝方まで居座っていた根拠となったのが、パソコン（PC）の起動履歴であった。住宅1階にあったPCは、31日午前1時18分と午前10時50分頃の2回、起動していた。そのため、警視庁は「犯人は朝まで宮澤さん宅にいた」と見ていた。

だが、後々の捜査で、正確にPCが起動していたのは、31日午前1時18分から22分18秒の4分間だけと判明（ちなみに、この4分間内にフォルダを作成したり、劇団四季のホームページにアクセスしていたことがわかっている）。それが再び起動したのが、おおよそ9時間後となる午前10時50分だが、その際には、一つのウェブサイトを表示したまま移動はしておらず、マウスは机から椅子の上に落下した状態だった。

第一発見者である泰子さんの母親が現場の部屋に入ったとみられているのが午前10時50分頃。それらを考慮し、警視庁は「午前10時50分のPCの起動は、泰子さんの母親が誤ってマウスを落とし、その落下によって生じた誤作動の可能性がある」という結論に至ったのだ。

ここに至るまでに、14年の歳月が必要とされたのだ。どれだけ捜査が難航しているか、この一点だけを見ても理解できるだろう。

そして現在では、犯人は31日未明まで宮澤さん宅に残っていたものの、朝になる前には現場から逃走したと考えられている。ただ、侵入及び逃走経路は断定しきれておらず、完全に確証を得るには至っていない。

こうした事情を鑑みれば、〝犯人を特定できた〟などと主張する怪しげなジャーナリストたちの言説が、いかに薄っぺらいかがうかがい知れるだろう。有力な容疑者すら、捜査線上に浮上していないのだ。

それだけに、少しでも疑いのある人物がいれば、警視庁は黙っていない。その人物を徹底的に洗い上げ、白黒つけ、ハッキリ答えを出しているだろう。

20世紀最後の日に発覚した世田谷一家殺害事件。その日付だけでなく、幼い子供を含む家族4人が無残に殺害された事実からは犯人の残忍性と異常性がうかがわれる。だが、もう一つ、事件の大きな特徴として挙げられるのが遺留品の多さだ。これまでも多くのメディアがその遺留品や遺留物について報道してきた。

それは驚くほどの量だ。現場には、犯人が着ていた服の他、通常であれば犯人特定につながるような証拠が、そのますっぽりと残されていた。しかも、指紋やDNA型は偶然、採取されたという話ではない。2階の風呂場の壁には、宮澤さん一家とは異なる右手の形をした血の跡まで残されていたのだ。

他にも、犯人が宮澤さん一家を殺害した柳刃《やなぎば》包丁、包丁を包んでいたと思われるハンカチ、

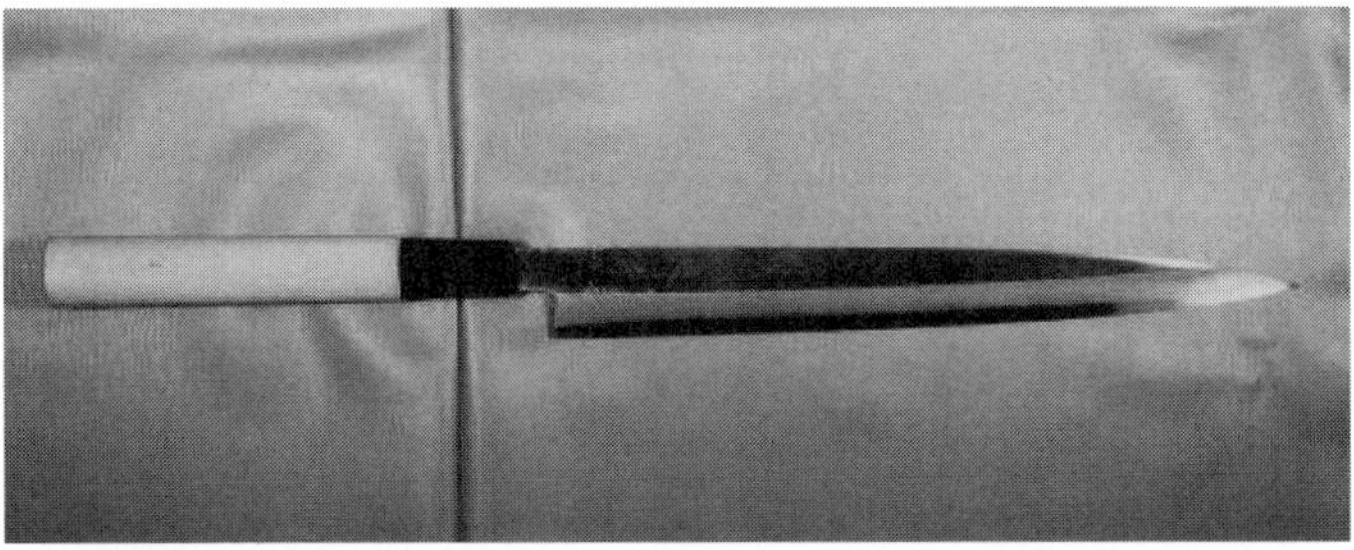

犯人が宮澤さん一家殺害に使用した柳刃包丁。刃体21センチ、柄部分を含めた全長は34センチ(警視庁HPより)

被っていた帽子、巻いていたマフラー、持っていたヒップバッグ、つけていた香水、所持していた文房具……。

他の未解決事件とは比較にならないほどの遺留品や遺留物が、現場で見つかった。履いていた靴の跡もあり、遺留品や靴は製造先、販売店まで特定されている。

特に、殺害に使用された柳刃包丁は、事件前日に小田急線経堂駅前の量販店で販売されていたことまで判明している。犯人もしくは犯人に関係する何者かが、事件前日にその場所にいたのであろうか。いずれにせよ、その足取りはまったく掴めていない。

DNA型の鑑定では、父方がアジア、母方が欧州あるいは地中海の民族に特徴的な型を持つ点まで指摘されている。それに加え、遺留品から今も根強く唱えられているのが外国人犯人説で、その中でも有力とされるのが韓国や東アジア系説だろう。

現場に残された足跡から判明した靴は、英国ブランドのテニスシューズ「スラセンジャー」の27・5センチサイズのものだった。スラセンジャーは韓国のみで製造・販売されていた上、27・5セ

犯行現場の足跡から判明したスラセンジャーの靴。韓国製で、27.5センチ（画像は警視庁HPより）

ンチとなると400足しか製造されておらず、事件当時はすでに完売していた。

事件現場の室内にはこのスラセンジャーの土足痕が多く残されており、他には発見されていない。そのため、単独犯だとほぼ断定されている。

ただ、このスラセンジャーから犯人が韓国と直結するかといえば、それは短絡的にすぎるだろう。ただ単に、犯人が韓国渡航時に購入しただけかもしれないし、他から譲り受けた可能性も否定できない。

そもそも、遺留品の多くは海外よりも日本国内で販売されていたものだ。また、たとえ犯人が外国籍だったとしても、たまたま来日していた外国人とは考えづらいだろう。

犯行状況や遺留品の販売時期から、犯人は少なくとも現場付近の世田谷、杉並、調布、狛江といった東京23区西部側に土地勘のある人物だったと見られている。

ただ、これだけの材料がありながら、世田谷一家殺害事件の捜査線上には特定の人物が浮上してきていない。

長い歳月の中で、何人もの人物が捜査線上に浮上しては消えていくという作業が繰り返されてきた。だが、のちほど紹介する東京・八王子で起きた、「スーパーナンペイ事件」（137ページ参照）とは違い、誰一人容疑者と言えるほどのレベルには到達しなかった。証拠だけは山のようにあるものの、ホシだと睨《にら》める人間すら浮かび上がっていないのである。

事件発生から20年目を迎える現在、犯人が生存しているか否かさえわからない。もし仮に犯人がすでに死亡していたら、もう永久に犯人に辿り着けない可能性もある。

そのため警視庁では何年も前から、すでに死亡した人物の中に事件との接点がある者がいないかを調べる捜査も進めている。ただ、この間に死亡した人物は無数にいる。時間が経てば経つほど、捜査は困難を極めていくのだ。

ハンカチの使い方が、フィリピン北部に伝わる使用法だという情報も

犯した罪の大小にかかわらず、本人に多少なりとも罪の意識があれば、その場から1秒でも早

く立ち去りたいはずだ。スーパーでの万引きレベルでも、その多くは、店員が気がついたときにはすでに万引き犯の姿はない。

それが殺人ともなればなおさら、その場からすぐに逃げ出したい衝動に駆られるはずだ。殺人を犯してでも金品を盗むことが目的だったとすれば、目当てのものを探すため、殺害後も現場に留まることは考えられる。ただ、その場合、現場に長く留まるほど、犯人にとっては犯行発覚の危険が迫る。必然的に、必死になって室内を物色するはずだろう。

だが、世田谷一家殺害事件の犯人は、アイスクリームを食べていた。宮澤さん一家4人を殺害したというのに、金銭などあるはずもない冷蔵庫を物色し、ペットボトルのお茶をラッパ飲みしながら、カップを握り潰すようにしてアイスクリームを食べているのである。

その光景は、明らかに異常としか表現しようがない。

よしんば、殺害の動機が何らかの怨恨であったとしても、そのような行動は普通ではない。物音などを不審に思い、第三者が宮澤さん宅を訪問してもおかしくないのだ。そういった本来あるべき心理が、犯人にはまったく働いていない。

繰り返すが、多くの殺人事件では、犯行後、犯人はすぐに現場から離れるものである。数時間に渡って現場に滞在し続け、あまつさえ飲食をすることの異常さは、殺人事件のプロファイリングの中でも極めて珍しいケースだろう。

これまで警視庁は、情報提供を呼びかけるために詳細な現場状況を少しずつ公開してきた。基本的に捜査状況を公表しない他の殺人事件と比べ、異例と言えるだろう。

例えば、2009年には、ヒップバッグの中から検出された砂が、米国カリフォルニア州の砂と酷似していることを明らかにした。また、現場に残されたトレーナーから、「ローダミン」という蛍光塗料が検出されたこと、さらに、ジャンパーに残された砂が、三浦半島の3つの海岸にある砂だということも公表されている。

蛍光塗料については、宮澤さん宅の1階車庫にあった物入れの引き出しにも、同じ塗料が付着していたことがわかっている。犯行当時、犯人が車庫に入った形跡がないことから、過去に犯人が宮澤さん宅を訪れていたか、あるいは、宮澤さんと犯人がこの塗料に関する仕事で一緒になった可能性などが取り沙汰されたこともある。

2018年には、現場周辺を再現した3D映像を作成。犯人が現場に残した黒いハンカチと合わせて公開した。2019年には、ハンカチの真ん中に切れ込みを入れた包み方が、フィリピン北部に伝わる使用法だという情報も明らかにしている。

ただ、これまで公表された情報のすべてが、捜査員の総意であるかといえばそうではない。2018年5月には、事件当時の犯人の年齢について「15歳から20代くらいの細身の男」とやや範囲を絞って公表していたが、「その上の世代の可能性もある」と指摘する警察関係者も依然と

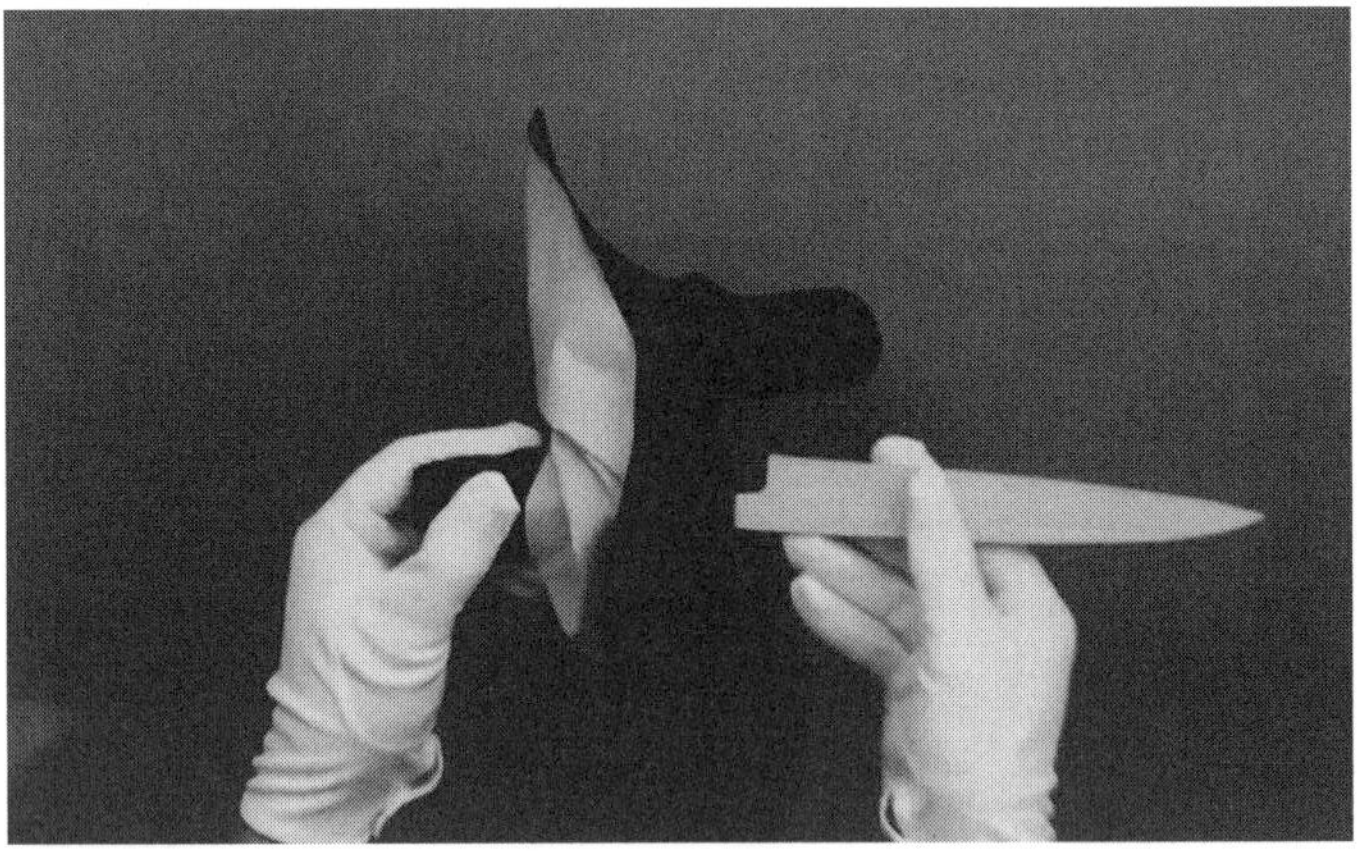
犯人の特徴的なハンカチの使い方を解説した動画（警視庁HPより）

して存在する。
警視庁が、事件当時の犯人を若者と見なしたのは、犯行の様子に加え、最も有力視された2階風呂場が侵入経路だった場合、それ相応の運動能力が必要なこと、持ち物が若者向けのものが多かったこと、などの理由からだった。細身と判断されたのは、ヒップバッグのベルトの長さから推定された。
だが、いずれも「絶対」と断定できるものではない。事件当時に30代だった可能性もあり、異を唱える関係者は、「あの犯人像は絞りすぎている」と考えているようだ。実際、犯人像を公表した警視庁自身が、依然として容疑者を特定できていないのだ。
それでも警視庁は、少しずつ絞り出すように捜査情報を公開してきた。それは、世間に対して〝どんな些細な情報でも構わないから情報提供してほしい〟と訴えたい気持ちの現れだろう。そこにあるのは、どんなことをしても、世田谷一家殺害事件を迷宮入りにさせておくわけにはいかない、という彼らの執念だ。

20世紀最後の日に発覚した世田谷一家殺害事件。家族4人が惨殺される衝撃的な事件現場には、数多くの遺留品があった。だがそれにもかかわらず、捜査は暗礁に乗り上げてしまっている。

刑事訴訟法の改正による殺人罪の時効撤廃により、警視庁捜査一課の執念とも言える捜査は続いているが、現在に至るまで進展は見えてこない。私は、これまで犯人に関して仮説を述べたことはないが、それは仮説であっても一本の線につなぎ合わせるストーリーが浮かばないからだ。それほどまでに、この事件には謎が多い。

例えば、外国人犯人説を採った場合、2018年5月に公表された、「事件当時の犯人の年齢は15歳から20代くらい」が、どうしても引っかかる。そんな若者が、何らかの理由で異国の地である日本にやってきて、逮捕されることもなく一家強盗殺人という大胆な犯行をやれるだろうか。

そしてその後、易々と国外に出国することができるだろうか。少なくとも15～16歳といった年齢の少年には無理ではないのか。

あるいは仮に、事件後も日本国内に留まっていたとする。これだけの殺害事件を起こしておきながら、通常の社会生活を送ることができるだろうか。尋常では考えられない異常性を胸に宿しつつ、ひっそりと息を潜めて、20年もの間、暮らしていくことができるものだろうか。

事件前の犯人がどの程度の社会生活を送っていたのかも、また判断しようがない。考えられるのは、事件後にその〝タガ〟がより一層外れてもおかしくないということだ。

それはそうだろう。逮捕されれば自らの生命で報いを受けることは確定している。秘めた異常性を隠しきれなくなって、更なる事件を起こしたとしても不思議ではない。

だがその後、どの事件現場からも、世田谷一家殺害事件現場に残されていた犯人の指紋やDNA型は検出されていない。ならば、やはり事件後に出国したと考えるのが自然だろう。さらに、遺留品などからすれば、年齢的に10代とは考えづらい。

では、犯人が出国した、つまり外国籍だとすれば、なぜ世田谷周辺に土地勘があったのだろうか。

確かに現場は比較的裕福な人が多い地域ではあったが、いわゆる「高級住宅街」ではない。同じ世田谷区でも、成城など富裕層が集まる地域は他にあるし、行き当たりばったりで金銭目当ての犯行を起こすならば、候補地は東京都内にいくらでもあったはずだ。

また、少なくとも、誰かに命じられた犯人が宮澤さん一家を殺害したとは、とても考えられない。誰かの指示ならば、発覚するリスクを恐れて現場からすぐに撤収するはずだ。だが、犯人にそのような形跡はまったくない。

むしろ、現場で飲食していた痕跡は、その精神の異常さを際立たせている。犯人は自らの意思で犯行に及んだ――そう考えて間違いないのではないだろうか。

警視庁は今も捜査を続けている。しかし、歳月の流れも考慮すると、いくつもの偶然でも重ならない限り、世田谷一家殺害事件の真相を迷宮から取り出すのは相当に困難なのではないだろうか。

前にも書いたが、長年、現場で事件取材を続けてきた人の言葉が蘇る。

「調べれば調べるだけ、世田谷だけはわからない」

その言葉が、重くのしかかってくるのである。

犯人が死亡している可能性も含めて捜査は続けられている

空気が明らかに重い。事件発生から20年が経過しようとしているが、現場となった宮澤さん宅の周辺一帯は、今もなお異質な空気が充満しているように錯覚する。少なくとも、そんな雰囲気に満ちている。

それが戦慄によるものか、何らかの違和感から発せられるものなのかはわからない。だが、肌にまとわりつく空気が、明らかに違うのだ。

警視庁は、事件に少しでも接点を持つ人物をしらみ潰しに捜査してきた。殺害された宮澤みきおさんや泰子さんと仕事上の関係があった人、自宅周辺住民などといった交友関係、さらには事件発生日に現場近くの千歳烏山駅や成城学園前駅などを利用した人たちの切符類を回収して、指紋を調べるといった捜査も行っている。

だが、捜査を尽くしても、その捜査網から漏れてしまった部分も浮かび上がってきた。それが、犯行現場の近くにある医療施設や、近隣に出入りしていた工事業者などだった。それらを十分に洗い切れないいまま、時間の経過と共に、ますます聞き取りは困難を極めていった。

遺留物や証拠類がこれだけあるにもかかわらず、容疑者は一向に浮上してこない。それにより、歳月が経てば経つほど「そもそも、犯人はまだ生きて日本国内にいるのか、それともすでに死んでしまったのか」という疑問につながっていく。

もちろん、警視庁は事件直後に出国した人物に関しても捜査を行った。だが、そこには必然的に限界がある。なぜなら、彼らのDNA型や指紋が残っていないからだ。

その上、出国した人物を把握したところで、出国者全員と現場に残された証拠類を照合するのは、不可能に近い。

結局、判明したのは、現場に残されたDNA型や指紋が、警視庁内にある犯歴データベースの中の誰とも一致しなかったということだけだった。つまり、「犯人が生きているのか否か」については、「生きているかもしれないし、死んでいるかもしれない」という状況が続いているのだ。

事件から100年でも経過していれば、「犯人はすでに死亡している」と言えるだろう。だが、発生から20年である。しかも、犯人像を「15歳から20代くらい」と見立てたことからも、歳月の経過だけで犯人の生死を推測することはできないのだ。

世田谷一家殺害事件を専従捜査する刑事たちは、そのときどきに発生した殺人や強盗などの事件に当たる捜査員と違い、事件解決の経験に接しないまま、捜査を続けていかなくてはならない。

それは、未解決事件の一つ「スーパーナンペイ事件」の捜査に当たる専従班も同じで、「もしかしたら犯人はすでに死んでいて、逮捕できないかもしれない」という思いを抱きながら、捜査を続けなければならないのだ。これは大変なことだ。

実際にこういった事例もあった……。

今から11年前の2009年。島根県立大学1年生の平岡都《みやこ》さん（当時19歳）の切断遺体が広島県の山中で発見された。しかし、容疑者が特定されないまま、事件発生から7年が経過した。

そして、2016年12月。島根・広島両県警による合同捜査本部が、会社員・矢野富栄《よしはる》容疑者（当時33歳）の犯行と断定したのだ。

だが、両県警合同捜査本部は、矢野容疑者を逮捕しなかった。いや、できなかった。矢野容疑者は、被害者の遺体発見直後に交通事故を起こして死亡していたのだ。結果、事件は容疑者死亡のまま書類送検され、捜査は終結した。

事件直後の捜査で浮上しなかった人物が、なぜ容疑者として断定されたのか。決定的だったのが、矢野容疑者の遺品のデジタルカメラとUSBメモリだった。

削除されていた画像を復元すると、殺害の凶器として使用された包丁や遺体が映し出されたのだ。

長年かけて追いかけ、ついに突き止めた容疑者がすでに死亡していた……。これもまた立派な事件解決ではあるが、関係者や捜査員の中にやり切れないものが残るのもまた事実だろう。ただ、捜査を続けていれば、このような形であっても解決まで辿り着くこともあるのだ。

もちろん捜査対象が死亡していた場合、捜査は極めて難しくなることは間違いない。火葬・埋葬されてしまえばDNA型や指紋の採取は不可能だし、なにより、捜査対象（容疑者）からの供述も得られない。

仮に、ある人物が容疑者である可能性が高いとなれば、その家族などのDNAを採取して一致度を調べることもできるだろう。だが、あくまでそれは任意での捜査協力であり、協力を求めるには相当の理由が必要となる。

「9年前に亡くなったお宅の息子さんが殺人犯の可能性があるので、ちょっとあなたのDNA型を鑑定させてもらえませんかね？」

ある日突然、警察官にそんなことを言われて、快く同意できる人がどれほどいるだろうか。任意であればなおさら、誰も素直には応じてくれないだろう。

それでも、警視庁は、犯人がすでに死亡している可能性も含めて捜査を行っている。事件直後の2001年1月以降、世田谷や狛江、調布など周辺で起きた自殺や死亡事故を捜査したこともあったという。

ただ、一般にはあまり知られていないが、警察機関は社会で起きる「死亡情報」をほとんど把握できていない。そもそも、死亡者のデータベースがないのだ。

事件や事故であれば警察が扱う案件となるが、病死の場合、警察はまず関与しない。また、通常の自殺や交通事故による事故死では、DNA型や指紋を採取することもない。それらを扱った書類資料にしても、長期間に渡り保管しておくわけではない。

世田谷一家殺害事件の発生から何年も経過してから、事件直後にあった自殺事案を調べ直したところで、すでに当時の資料はほとんど残されていない状況だった。また、警視庁は、あくまで東京都内を管轄する警察機関である。仮に犯人が東京都外で死亡していたら、それを知ることはできない。

それでも、警視庁は、事件当時に世田谷や調布などに縁があり、他県で死亡した人物がいないか、情報を収集しようとしたことがあった。しかし、ある特定の人物の生死は調べられても、不特定の死者の情報を後から入手することは極めて困難なのが現状だ。捜査はほとんど進まなかったという。

捜査員や事件関係者の中には、「そもそも犯人はまだ生きているのだろうか」という、答えのない問いを抱え続けている人も少なくない。だが、迷宮入りした未解決事件が突如、解明されるのは、いつもほんの些細なことがきっかけである。それが、いつどのような形で動き出すかはわからない。

可能性は極めて低いかもしれない。しかし、絶対に解決が不可能かといえば、決してそうではない。

警視庁は当面、事件の捜査を打ち切るつもりはないだろう。この事件は、もはや警視庁という枠を超え、日本警察の威信をかけても取り組むべき未解決事件の象徴になっているのだ。

いつか解決に辿り着く日が来るならば、そこには、これまで誰も予想だにしなかった犯人がいるのではないだろうか。

第5章

八王子スーパーナンペイ事件

――3つの犯人像が浮かび、警察庁長官狙撃事件との関連も疑われながらも、未解決のまま

最大の特徴は全員が拳銃による射殺であること

「おいっ」

暗がりの中、2人の男が話す切迫した様子は傍目にも伝わってきた。特に若い男の低い声が、それらを物語っていた。それが後に判明する事件の始まりだった。

1995年7月31日、東京都八王子市の「スーパーナンペイ大和田店」で、パート、アルバイト従業員3人が射殺される事件が起きた。殺されたのは、稲垣則子さん（当時47歳）と都立館《たて》高

スーパーナンペイ大和田店の全景写真（警視庁制作の3D動画より）

校2年生の前田寛美さん（同16歳）、そして私立桜美林高校2年生の矢吹恵さん（同17歳）。

銃社会アメリカではない、日本である。そこで、暴力団などと何の関係もない、女子高生2人を含む3人が、拳銃で射殺されるという衝撃的な事件が起きたのだ。その凶悪性は、数ある殺人事件の中でも群を抜くものと言えるだろう。

この年、1月には阪神・淡路大震災が関西を襲い、3月には東京都心を中心にオウム真理教による地下鉄サリン事件が発生している。その2日後には、オウム真理教への一斉強制捜査があり、國松孝次警察庁長官が狙撃されるという衝撃的な事件もあった。

つまり、世間は、事件や災害で一色に染められた年だったのである。そんな中でも、この事件は大きな衝撃をもって報じられた。

結論からいえば、この事件は今に至るまで未解決の

このカップルは犯人を
目撃している可能性があります

警視庁ではこの事件でも、現場付近のイメージ3D動画を公開している（画像は3D動画の一部）。

まま捜査が続けられている。警視庁が捜査を進める中で、事件は何度か解決に迫るような進展を見せたことがあった。

しかし結局は、時効直前の２０１０年4月、殺人罪などによる公訴時効が撤廃されたことも重なって、現在も約20人が専従する体制で捜査は続けられている。

事件現場となったのは、ＪＲ八王子駅から北東へ約2キロの箇所にあった食料品や雑貨用品などを扱う「スーパーナンペイ大和田店」。そこから、この事件は一般に「スーパーナンペイ事件」として知られている。「世田谷一家殺害事件」（２０００年12月31日）、「柴又・女子大生放火殺人事件」（１９９６年9月9日）と並ぶ、「平成三大未解決事件」の一つである。

それでは、事件の全体像を最初から追っていくことにする。

１９９５年7月30日の夜、スーパーナンペイ大和田店を1組の男女が訪れた。この店でパートとして働く稲垣さんを迎えに来たのだった。2人が車でスーパーの駐車場に着いたのは午後10時頃。すでに閉店してから1時間ほどが経っていた。だが、稲垣さんは出てこない。

「遅いな。呼びに行こうか」

この男女2人は、従業員がいつも控室としても使っている2階の事務所に呼びに行った。そこで目にしたのは、凄惨を極めた事件現場だったのである。

事務所の床に、3人が血まみれで倒れていた。2人の女子高校生は両手を体の前に出した状態のまま粘着テープで縛られて倒れており、稲垣さんは、事務所奥の壁に寄りかかるようにして死んでいた。男女がすぐに警察に通報したのは当然である。

殺された3人のうち、この日、スーパーの当番だったのは、稲垣さんと女子高校生の矢吹さんである。もう1人の女子高校生である前田さんもこの店のアルバイト従業員ではあったが、この日は非番であった。だが、仲のよかった矢吹さんを訪ねてきて事件に巻き込まれたのだ。

殺害方法は、全員が拳銃による射殺。これが、この事件最大の特徴である。

銃所持に厳しい規制がある日本で、暴力団の抗争事件ならともかく、一般市民が拳銃で撃ち殺される事件など、そうめったにあるものではない。しかも、全員が頭を撃ち抜かれていた。

女性は前から2発。女子高校生2人は後ろから1発ずつ。3人とも至近距離から撃たれていた。

その後の捜査でわかるのだが、ちょうど近所の主婦が午後9時15分～20分頃に、続けざまに4発の銃声と思われる音が轟くのを聞いていた。また、ほぼ同時刻に高校生カップルも銃声と思われる音を複数回聞いている。

事件現場で発見された弾丸は5発であったが、4発の銃声というのは3人の撃たれた痕跡と一致する数である。さらにもう1発は、威嚇目的だったのだろうか、金庫の扉に向かって放たれていた。

警視庁は犯行時間をこの5分間と断定し、本格的な捜査に着手することになる。史上まれに見る凶悪事件の捜査が始まった瞬間であった。

スーパー周辺で目撃されていた〝不審な男たち〟

襲われた店の事務所内はどういった様相を呈していたのか。3人の被害者が床に横たわっていたのは前述の通りだが、犯人の目的は彼女たちの殺害ではないことが想像できた。

事務所の奥には、日々の売り上げを保管する金庫が置いてあったのだが、鍵が差し込まれており、無理やりこじ開けようとした形跡が残っていた。

金庫の鍵は、通常はパート従業員の稲垣さんが持っていたはずだった。その鍵で開けさせようと考えたのだろうが、金庫にはダイヤルロックがかかっていた。

稲垣さんは、ダイヤルロックの開け方は知らなかったとされている。だが、おそらく犯人は、稲垣さんを脅して、開け方を聞き出そうとしたのだろう。彼女の額には火薬が付着していた。

これは、拳銃の銃口を額にくっつけるようにして撃ったことを示している。

事務所側の写真（警視庁制作の3D動画より）

犯人は、稲垣さんを殺害する前、女性の頭に拳銃を突きつけ、鍵を出させて金庫を開けようとしたのだろう。だが、彼女はダイヤルロックの解除方法までは知らなかった。しびれを切らした犯人は、ここで稲垣さんを殺害したと見られる。
そして自ら金庫を開けようとしたが、これも断念した。今では、そう考えられている。
居合わせた女子高校生2人については、ことのほか気の毒だったといわざるを得ない。2人は後ろから撃たれていた。少なくとも1人は逃げようとしたところを撃たれたような状況だった。
床には事務所入り口のドアの防犯装置を起動させるカー

ドと、自転車の鍵が落ちていた。女子高校生たちが襲われたのは、事務所を閉めて帰ろうとしていたまさにそのときだった。

この日、2人の女子高校生が、夜にバイト先のスーパー事務所で待ち合わせたのには理由があった。その夜に近くで開かれていた夏祭りに一緒に行く予定だったのである。楽しみにしていたはずのその夜は、一瞬にして惨状へと変えられてしまった。

いずれにせよ、何の罪もない未成年の高校生と成人女性を撃ち殺した無慈悲な犯行だった。目的は金銭、つまり強盗である。そう考えて、警視庁は捜査を始めた。

スーパーナンペイ事件を語る際、二つの説が唱えられてきた。強盗説と怨恨説だ。

その冷酷な殺害方法や、結果的に金庫内の金品や被害者たちの財布などが物色されていなかったことから、当初は怨恨節も浮上した。だが、事件捜査を担うことになった警視庁捜査一課特別捜査本部は、怨恨説を裏付ける情報はないと早い段階で判断した。そのため、強盗事件として捜査を絞っていたと言えるだろう。

現場の状況を総合的に踏まえても、強盗説をとるのが妥当としたからであった。そして強盗説の中でも、世間の注目を集めた犯人像が、大別して3つ浮上した。それは、のちほど詳しく説明する。

ここで、事件当日の様子を振り返ってみたい。

事件があった1995年7月30日夜。スーパーナンペイ大和田店の近所では夏祭りが行われていた。夏休み中の子供たちも大勢が繰り出し、1年に一度の祭りを楽しむ風景は、日本全国どこででも見られるものだった。ここ東京の郊外住宅街である八王子でも、それは変わらなかった。だが、スーパーナンペイを取り巻くその日の環境は、ただならぬ雰囲気を醸し出していた。スーパーの両隣は民家と駐車場になっていたのだが、午後9時過ぎ、近くの路上には、切迫した様子の2人の男がいた。

この場面を目撃していた近隣住民の証言によれば、2人組のうち若い男の方が「おいっ」と低い声で何かを指示するように、もう1人の男を急かしているような様子だったという。祭り囃子《ばやし》が聞こえる一帯の楽しげな雰囲気とは明らかに異なる不穏な空気である。

不審な男たちに関する目撃情報は、これだけではなかった。事件後、警察の聞き込み捜査でも複数の証言が寄せられている。

2人の男が目撃された時刻からさらに1時間ほどさかのぼる午後8時過ぎ、スーパーナンペイの前には、店内に向かってピタリと停車した2台の車があった。前後の車間距離を空けることなく、くっつくような格好で縦に停車していたという。

普段そこは買い物客が駐車するスペースではなかったため、近隣住民らが、この2台の車を不審に感じたのも無理はなかった。

後の捜査で警察が確かめたところ、2台の車が停車する位置からは、店内や4台のレジの様子をはっきりと確認することができた。他の目撃情報からも、その2台の車は、午後9時過ぎになっても同じ場所に停車していたことが判明している。

また、ある住人は、午後9時15分頃、2台の車が急発進して走り去るのを目撃している。それ以前、2台の車が停車し続けていた午後8時40分頃、店内では、買い物に来ていた子連れの主婦が不審な男を目撃していた。

2人組の男と、事件前後に停まっていた2台の車。それに関しては多数の目撃証言が寄せられており、この男たちや車が事件に関与していたのはほぼ間違いないと考えられている。警察もまた事件直後から、2人の男が一体何者だったのかを追い始めた。

当時のスーパーナンペイの営業時間は、午前10時〜午後9時。前述の通り、閉店間際の午後8時40分頃に店内にいたのは、子連れの主婦と、店内をウロウロしていた男だけであった。前者は、買い物を済ませると間もなく店を後にしている。

残ったのが、この不審な男である。彼は買い物をする様子もなく、店内の通路を行ったり来たりを繰り返した後、食肉売り場と鮮魚売り場の間の通路を抜けて、店の出入り口とは真逆の従業員専用の通用口から姿を消した。明らかに、単なる客とは思えない行動である。

男の身長は、165〜170センチくらい。事件直前の午後9時過ぎに、近くの路上で目撃されていた2人組の1人と着衣が酷似していた。不審な男が姿を消した通用口は、店の西側にあり、唯一店外の駐車場へと直接出ることができた。

普段は従業員専用となっている。この日もパート従業員たちは、いつものようにこの通用口を通り、2階の事務所で帰宅準備をしていたところを襲われたのだった。

こうした被害現場、そして被害者たちの状況を踏まえ、警察は捜査を進めた。前述したように、警視庁は強盗目的の犯行と考え、人間関係や現場の遺留物、あらゆる線を辿って有力な容疑者がいないかを調べ続けたのである。

そして、この25年の間に浮かび上がったのが、3つの犯人像だった。

一つめの犯人像──「指紋の男」

長年に渡る捜査で、スーパーナンペイ事件では、事件が大きく動いた瞬間が3回ある。記憶に新しいのが2015年。現場に残されていた粘着テープの指紋の採取に成功したときだ。各メディアも、一斉にその模様を報じている。

被害者2人を縛りつけていた粘着テープはニチバン社製で、事件の約2カ月前から、東京、埼玉、千葉、神奈川、山梨のコンビニエンスストアなどで販売されていた。事件発生時に、粘着テープから指紋の一部が発見されていたものの、当時の技術では、その指紋を検出することができなかった。それほど粘着テープに残された指紋の検出は困難だったのだ。

しかし、警視庁は2010年以降、特殊な液体や剥離剤《はくりざい》を使うなどの試行錯誤の上、ついに粘着テープに残された指紋を検出することに成功したのである。

そして採取した指紋が、捜査の進展をもたらすことになる。1人の男が捜査線上に浮上したのだ。

警視庁が検出した指紋を指紋データベースと照合した結果、事件当時、多摩地区に住んでいた男のものとほぼ一致したのだ。捜査本部が色めき立ったことは想像に難くない。

だが、決定的な問題があった。指紋は、特徴となるべき12点すべてが一致して初めて同一人物と認定できることになっている。この男については、そのうちの8点しか一致しなかったのだ。ただ、残りの4点が一致しなかったわけではない。検出された指紋が不鮮明すぎて確認しきれなかったのだ。

当時マスコミでも報じられた通り、8点でも一致すれば相当高い可能性で特定されたと見てよいだろう。だが、該当した男はすでに病死していた。

この男は生前、タクシードライバーなどの仕事をしながら、暴力団関係者との交友関係の他、拳銃などを入手できると周囲に吹聴していたという。

「限りなく怪しい」

証言を集めた捜査員らがそう思ったのも無理はない。こうした情報を入手したマスコミが、事件解決を見据えて報じたのももっともである。

だが、加熱するかと思われた報道は、しばらくすると一気に鎮静化し始める。その理由は、あくまで12点の指紋線が一致しなければ法的な証拠能力がなかったことに加え、さらに後の捜査で、事件当時、男には別の場所にいたことを裏付けるアリバイがあることが判明したのだ。そのアリバイから、少なくとも事件発生の時間帯には、男はスーパーナンペイには来ていないと判断された。

アリバイが成立したことで、男が実行犯である可能性は極めて低くなった。こうして「指紋の男」は、有力容疑者から脱落していったのだった。

だが、警視庁の捜査により、男には、悪事を働く際に相棒としてよく連れ立っていた元同僚がいたことが判明した。そこで、この「指紋の男」と入れ替わるようにして、相棒の男が捜査線上に浮上することになった。

この男は事件当時、粘着テープが販売されていた地域で暮らしていた。当然、このことは警察も把握しており、男に関して捜査が続けられることになった。だが、男が事件に関わっていたとする証拠は未だ何も見つかっていない。

結果として、「指紋の男」と「相棒の男」の犯人説は、今も潰しきれないままとなっている。「指紋の男」はアリバイがあるので実行犯ではないが、事件に関わっていなかったとも断言できない。「相棒の男」も怪しくはあるが、証拠はない。

白とも言えないが、黒とも断言できない。ゼロとは言い切れない可能性が、そのまま残っているということだ。

二つめの犯人像──警察庁長官狙撃事件との関連

そもそも、このスーパーナンペイ事件で捜査が難航した大きな理由は、遺留品、遺留物の少なさにあるだろう。同じく「平成三大未解決事件」と呼ばれる世田谷一家殺害事件のように、現場に犯人の指紋や血痕、遺留品が大量にあったわけではない。

犯人が、犯行現場となったスーパーの事務所に滞在していた時間も、せいぜい5分程度。犯人に直結する遺留品が残りにくい状況ではあった。

粘着テープ以外に事件現場に残されたものといえば、殺害に使用された銃弾と、10カ所の足跡だった。ただ、いくら少なくても、遺留品、遺留物から犯人を追っていくのが捜査である。

まず、警視庁が着目したのが、検出された足跡だった。跡が残されていた床の付着物を調べた結果、微細な鉄分と粘土が採取されており、溶接作業に従事していたか、もしくは鉄工所などに出入りしていた可能性があることがわかったのだ。

そして、靴底は広島県内のゴムメーカーが作ったものだということも判明した。この靴底は、運動靴など30種類に使われており、多摩地区では当時、パルコ吉祥寺店、調布店などで1万〜15000円程度で販売されていることまで追跡できたのである。

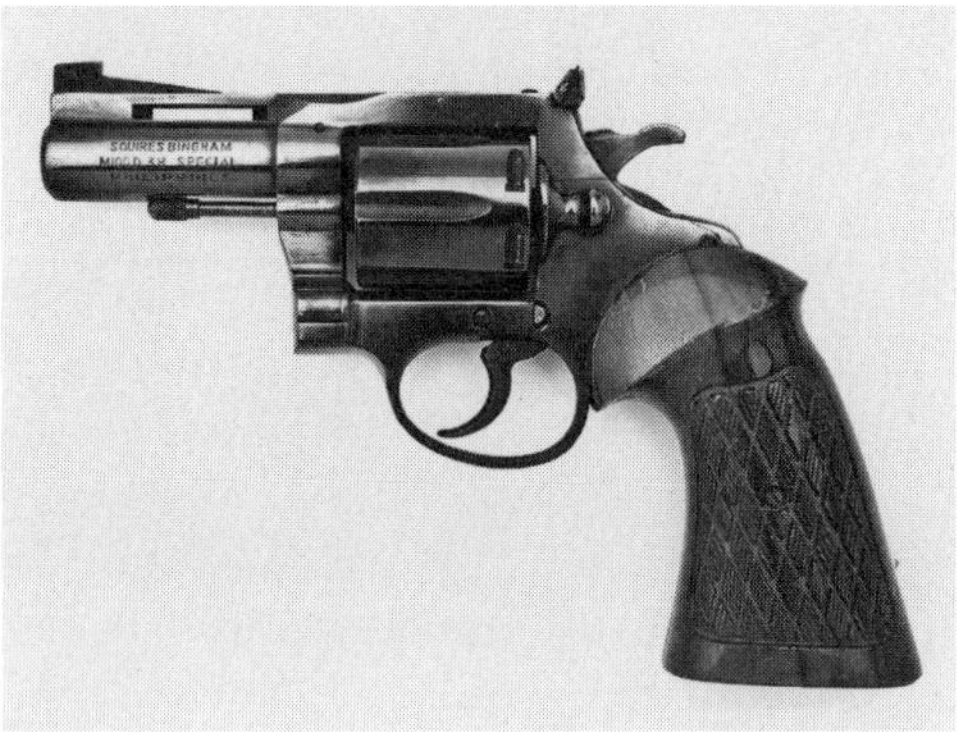
38口径のスカイヤーズ・ビンガム回転式拳銃

そして、もう一つの重要な遺留品が、銃弾である。拳銃から放たれた銃弾は、回転しながら飛ぶのだが、発射される際、銃弾には線条痕という痕跡が残る。銃口を抜ける際に銃弾につく細かな線上の傷のことだが、ここから凶器とされる拳銃を特定することも可能なのだ。
凶器となったのは、現場に残された銃弾から、すぐに38口径の回転式拳銃と判明している。そして、線条痕などから、フィリピン製のスカイヤーズ・ビンガムであることが特定された。だが、事態はここで、思わぬ方向へと進むことになる。

きっかけは、スーパーナンペイ事件から7年後の２００２年11月。名古屋市内で現金輸送車が襲撃され、犯人が現行犯逮捕されたことだった。捕まった犯人の名前は、中村泰《ひろし》。この男、実は東京で起きた國松孝次警察庁長官狙撃事件で一時、有力容疑者として浮上した男であった。

奇しくも、スーパーナンペイ事件と國松警察庁長官狙撃事件は、同じ年である１９９５年に発生している。

振り返ってみても、１９９５年という年は、日本が大きく揺れた年だった。１月17日には、死者６４３４名、行方不明者３名、負傷者４万３７９２名という犠牲を出した阪神・淡路大震災が発生し、３月20日には死者13人、負傷者約６３００人という被害を出したオウム真理教による地下鉄サリン事件が起きた。

そのさらに10日後には、國松孝次警察庁長官狙撃事件（２０１０年３月30日時効が成立）。そしてスーパーナンペイ事件と、すべてがこの年に重なったのであった。

また、司法にとっても、この年に起きた事件は一つの分かれ目となっている。

２０１０年４月27日、刑事訴訟法が改正されたのだ。殺人などによる凶悪犯罪の公訴時効が廃止されたこの改正法は、異例の即日施行となった。この日までに時効を迎えていなかった対象事件は時効が撤廃されたのである。

奇しくも前月３月30日に、國松警察庁長官狙撃事件が15年という時効を迎えたばかりだったが、その4カ月後に起きたスーパーナンペイ事件に対しては時効がなくなったのである。

國松警察庁長官狙撃事件に関して、今もなお自身の犯行だと訴え続けている男が、前述した中村泰だ。現在、岐阜刑務所に服役中の、その中村泰が、スーパーナンペイ事件の捜査線上に浮上してきたことがあったのだ。

理由は、2002年の逮捕後、中村泰の関係先を捜索したところ、東京都内と大阪府内の貸金庫などから14丁の拳銃が発見されたことにあった。押収された拳銃は、すぐさま警察庁科学警察研究所で詳しく分析された。

そして、そのうちの1丁の線状痕と、スーパーナンペイで殺害に使用された拳銃の銃弾のそれが酷似していることが確認された。そのため、中村泰がスーパーナンペイ事件の有力容疑者として急浮上したのである。

だが、ここで再び問題が浮上する。線条痕はあくまで酷似であって、一致ではない。つまり、決定的な証拠とはならなかった。

その後も、中村泰に対する捜索は続けられた。その中で、一部で中村泰犯人説を有力視する声がありはしたものの、最終捜査で「中村泰はスーパーナンペイ事件には関与していない」ということで、ほぼ結論づけられることになったのであった。

では一体、誰がスーパーナンペイ事件を引き起こしたのか。

三つめの犯人像――日中混成強盗団

スーパーナンペイ事件の犯人に関する第3の説。結論からいえば、それは日中混成強盗団による犯行という説である。これこそが、現在では最も有力視されているのではないだろうか。

確かに、先に紹介した指紋を根拠にした犯人像も潰しきれたわけではない。だが、当時の背景や関係者による証言、現場に残された足跡から採取された微細な鉄粉と粘土について考えた場合、どうしても外せないのが、日中混成強盗団による犯行説だろう。

実は、この線で事件捜査が大きな動きを見せたこともある。2009年、ある男が事件に関して無視できない証言をしたのだ。

証言主となる男の名前は、武田輝夫《てるお》。2003年に麻薬密輸容疑で中国政府に身柄を拘束され、2007年に大連市の遼寧省高級人民法院（日本の高等裁判所に相当する）で、死刑が確定していた人物である。

「中国で死刑が確定している武田が、〝知り合いの日本人の男が八王子の事件に関与した〟と話している」

そんな情報が、中国公安当局から非正規ルートで警視庁に寄せられてきたのである。警視庁は真偽を確認するべく、中国政府に対してすぐさま捜査員の受け入れを要請。実際に捜査員を中国へと派遣した。

そこで警視庁が得た武田輝夫の証言によれば、2002年春、武田と一緒に中国に密入国していた男が、スーパーナンペイ事件の実行役として、事件に関与したというのである。実行役と指摘されている男もまた、武田同様、麻薬密輸容疑で死刑が確定していた日本人の男であった。

警視庁は、その証言をもとに捜査を進めた。そうしたところ、実行役と目された男が、事件当時、八王子に土地勘があったことが確認できた。

「いよいよ間違いないのだろうか」

捜査員らも色めき立ったことだろう。さらに、武田輝夫の証言から、これまでも日本で資産家宅を狙って強盗を繰り返していた、複数の日本人と中国人による混成強盗窃盗団が存在していたことが判明した。

その混成強盗団の中心人物は、証言者である武田自身だった。

だが、結果的に、その捜査も途中で頓挫することになる。警視庁の懸命の捜査にもかかわらず、実行犯と目される男は、事情聴取に対して「ナンペイ事件については知らない。仮に知っていても言わない」と否認。現場から出てきた指紋との一致も見られず、スーパーナンペイ事件と直結する証拠が出てこなかったためである。

今となっては「武田が、中国での死刑執行を一時的に免れるために、虚偽の証言をしていた可能性がある」という見方が大勢となった。

この2人についての捜査は継続されているものの、警視庁の間では、彼らを有力容疑者と見る向きと、関与性はないと考える向きとで真っ二つに分かれてしまった。

そして、真相が解明されないまま、2010年、中国で武田輝夫の死刑が執行されたのだった。だが、武田輝夫の死刑執行から2年後の2012年。生前の武田の証言をもとに、事態が再び大きく動き出すことになる。

武田輝夫は生前、「現在、カナダに住んでいる中国籍の男で、福建省出身の何亮《かりょう》が、スーパーナンペイ事件を知っているかもしれない」と証言していた。この証言が、彼の死後2年を経てクローズアップされることになったのだ。

武田と何はもちろん顔見知りだ。捜査で判明したところによれば、日中混成強盗団の主犯格とみられていた武田に対して、日本における資産家強盗関連の情報提供を行っていたのが、この何亮という男だった。

2002年4月。武田輝夫が偽造パスポートで名古屋空港から香港へと出国した際、何亮もまた武田と一緒に偽造パスポートで日本から出国していた。その際の偽造パスポートの名義は「原田隆行」。写真は何本人のものであった。

何亮は２００６年にカナダに難民申請しており、永住権を認められて、このときにはカナダに移住していた。カナダで永住権を取得していた何は、皮肉にもカナダのスーパーで働きながら、生計を立てていた。

一体この何亮という男、何者なのか。

何亮は、中国・福建省出身で、スーパーナンペイ事件が起きた１９９５年当時は25歳だった。その何亮が日本に密入国してきたのは、事件前年の１９９４年のこと。偽造パスポートで中国に出国するまでの8年間は、東京や横浜の居酒屋、そして鉄工所などで働いていた。

武田輝夫の証言によれば、何亮は全国を転々としながら働く傍ら、１９９０年代に起きた、全国の資産家を狙った日中混成強盗団に情報提供していたという。

だが、本当に何亮は〝情報屋〟だったのか。もっといえば、強盗団に情報提供していただけだったのか。

事件現場に残されていた足跡からは、微粒の粉末が採取され、それが溶接作業などで飛散する鉄分だったことが判明している。そう、事件当時、神奈川で暮らしていた何亮は、鉄工所でも働いていたのである。

「知り合いが八王子の事件に関与した」と証言する武田輝夫。武田が実行役と名指しした日本人の男。武田とは知り合いで、２００２年４月に偽造パスポートで一緒に中国へと出国していた何亮。現場の遺留物が示す状況も含め、ここにきて全員がつながっていくのである。

つまり、武田輝夫の証言は、まったく根も葉もない作り話ではなかったのだ。少なくとも、警視庁はそう判断した。

警視庁の捜査で、何亮にはこのときすでに、偽造パスポートを使用したという旅券法違反容疑で逮捕状が発行されていたことが判明する。その何がカナダに渡り、永住権を取得していることがわかったのが、2012年。

警視庁は、すぐさま関係機関を通じて、カナダ政府に何亮の引き渡しを求めた。だが、警視庁の要請を知った何は、弁護人を通じて次のように表明してきたのであった。

「話を聞きたいのであれば、カナダで聴取に応じる」

つまり、カナダ国内であれば、警視庁の事情聴取に応じるというのである。明らかに、日本で取り調べられて、そのままスーパーナンペイ事件の強盗殺人容疑で立件されることを恐れた対応だった。

だが、警視庁は、なんとしても自らの手元で調べを行いたいと考えた。そこで関係機関を通じて、引き続きカナダ政府に何亮の引き渡しを要請した。そして2013年9月、カナダ・トロントの裁判所は、何亮の身柄の引き渡しを認める決定を言い渡したのであった。

しかし何亮は、すんなりとは応じなかった。決定後、何の弁護人が会見を開き、「カナダの法相に何の引き渡しの停止を求める」とする意向を明らかにしたのだ。そしてこの決定は、さらに控訴審に持ち込まれ、争われることになる。だが、結論は変わらなかった。

控訴審においても、警視庁に身柄を引き渡す判決が下され、ついに2013年11月、何亮は日本へと移送されることになる。そして移送後、待ち構えていた警視庁により、旅券法違反容疑で逮捕されたのであった。

事件発生から18年の歳月を経て、警視庁の捜査が実りを見せた——と思われた瞬間であった。「旅券法違反で逮捕し、その中でスーパーナンペイ事件についても聴取し、自供させるべし」。警視庁はそう考えた。

だが、事はそう簡単には運ばなかった。

何亮は、逮捕容疑である旅券法違反についてはあっさりと認めたものの、任意で行われた聴取ではスーパーナンペイ事件については、関与を全面否定したのである。日中混成強盗団に情報提供していたことに関しても、「何も知らない」と言い続けた。

武田輝夫の証言とは真っ向から食い違うが、このとき、すでに武田は中国で死刑が執行されていた。もう武田から話を聞くことはできない。

捜査員たちはさぞかし歯がゆい思いをしたのではなかろうか。だが、証拠が乏しく、本人もまた一向に自供することもなく、否定し続けているのである。スーパーナンペイ事件での立件は、断念せざるを得なかった。

そして2014年。偽造パスポートの使用だけを認めた何亮は、東京地方裁判所立川支部で、懲役2年執行猶予5年の判決を受け、日本を後にした。スーパーナンペイ事件との関連は、なに一つ明らかにされないままに——。

「これ以上の調べはできなかった」

警視庁の捜査員らも、ただ、見送るしかなかっただろう。

※

こうして、スーパーナンペイ事件では、3つの犯人像が浮かんでは、完全に消えることなく、今も煙のように漂い続けている。ただ一つ言えるのは、結果として誰一人逮捕されることなく、事件は未解決のままだということだ。

事件があった1995年7月30日午後9時15分頃、女子高校生2人は、近所の夏祭りに出かけるところだった。そしてパートの女性。

この3人の被害者は、何の落ち度もないにもかかわらず、交友関係などをメディアに報じられた。また、周辺の人々は、哀しみに暮れる暇もなく、中には犯人ではないかと疑いの目を向けられた人々も存在する。

世の中には、決して風化させてはならない事件が存在する。決して忘れてはならない出来事が存在する。このスーパーナンペイ事件もまた、その一つではないだろうか。

事件からは4半世紀が経過した。25年といえば、一つの世代が変わる年月である。この事件を知らない世代も多いだろう。

だが、忘れない人たちもいる。警視庁は、現在も専従の捜査員約20人を投入し続けて、執念の捜査を続けているのである。

第6章

柴又・女子大生放火殺人事件

——被害者の父親の熱心な活動で時効撤廃を実現し、容疑者のDNA型鑑定も可能だが、容疑者が浮上せず

留学準備中の女子大生が殺され、家に火をつけられた

時計の針は午後3時50分を指そうとしていた。夏の暑さが拭えない季節の夕方のことであった。小雨が降りしきる中、傘も差さずにレインコートを着た身長160センチ程度の小柄な男が、じっと表札を見て佇んでいる。男の表情や仕草からは、傍目にも切迫していることが見てとれる。

その後、男がじっと見据えていた1軒の住宅からは、その家が全焼するほどの火の手が上がり、そこは中から女性の遺体が発見される凄惨な現場と化すのであった。

「葛飾《かつしか》区柴又《しばまた》3丁目女子大生放火殺人事件」。今では、そう呼ばれているこの事件も、「世田谷一家殺害事件」「八王子スーパーナンペイ事件」と並んで、「平成三大未解決事件」として扱われている。事件発生から24年を迎えようとしているが、今なお未解決のまま捜査が続けられているのである。

殺害されたのは、この家に住む一家の次女だった女子大生であった。

事件が起きたのは1996年9月9日午後4時40分頃のこと。東京都葛飾区柴又3丁目の小林賢二さん宅で火災が発生し、そして全焼する。

犯行時間帯に目撃された不審な男（警視庁HPより）

多くの119番通報が寄せられたことだろう。駆けつけた消防隊員によって小林さん方宅2階から上智大学外国語学部4年生だった小林順子さん（当時21歳）が救助されるが、そのとき、順子さんはすでに死亡していた。

救出された際、被害者の順子さんの口や手足は粘着テープで縛られており、首には刺し傷などがあった。つまり火事で焼け死んだのではなく、明らかに人の手による殺人事件であった。凶悪犯罪だ。

若い女性を殺害しただけでなく、その家に火までつけて逃げる。最悪の事態になれば、火は燃え広がり、周囲の住宅を多く巻き込んだかもしれない。そうなれば命を奪われたのは、殺害された順子さんだけでなかったかもしれない。つまり、火災による死者が出たかもしれない。

事件を重く見た警視庁捜査一課は、直ちに殺人事件として亀有警察署に特別捜査本部を設置し、捜査を開始する。現場を調べ、近所の聞き込みに走る。

捜査では多くのことが判明した。だが、今も犯人逮捕には至っていない。事件は未解決のまま23年が過ぎ、現在も専従班によって捜査が続けられている。

柴又駅前の「フーテンの寅」像（2020年8月撮影）

葛飾・柴又といえば、映画「男はつらいよ」シリーズの寅さんの地元として有名だが、現在の暴力団対策法に基づいた暴力団排除条例に照らして考えると、主人公の寅さんも暴力団員ということになってしまうのではないか。

それはさて置き、柴又の街並みは「男

はつらいよ」シリーズの中でも度々、映し出されている。日蓮宗の寺院「経栄山題経寺《きょうえいざんだいきょうじ》」の通称である柴又帝釈天や参道は、映画にも毎回登場する、お馴染みの風景となっている。

事件後の1999年には、地元商店会と観光客の募金などによって京成線柴又駅そばに「フーテンの寅」像が設置された。そこには山田洋次監督のこんな言葉が刻まれている。

柴又帝釈天

「寅さんは損ばかりしながら生きている／江戸っ子とはそういうものだと／別に後悔もしていない／人一倍他人には親切で家族思いで／金儲けなぞは爪の垢ほども考えたことがない（後略）」

そして2017年には、スクリーンの中で何度も恋に破れ、いつものように故郷を後にする兄の寅さんを呼び止める妹のさくら像も建立され、京成線柴又駅前は土日ともなれば帝釈天と共に観光地になっている。

駅前には小さな商店街。中には肉屋に惣菜屋、パチンコ屋や小さなスーパーが軒を並べ、周辺は一方通行の多い細い路地が雑然と張り巡らされている。典型的な「東京の下町」の懐かしい風景が現在も色濃く残っているのだ。

事件が起きたのは、そんな風情ある駅前から、歩いて5分とかからない閑静な住宅街の一画であった。今から23年以上前のことである。

火災が起きたのは、小雨降る夕刻であった。出火20分前となる午後4時20分頃には、複数の近隣住民が小林さん宅の方角から、響くような低い音を4、5回聞いている。この物音は何者かに襲われ、抵抗した順子さんと犯人が揉み合った際に生じた衝突音ではなかったかと後に推測されている。

事件現場となった小林さん宅は、モルタル2階建てで、1階2階合わせて約90平方メートル。木造住宅が密集する一画にあった。火の手が上がった2階には東西方向に3部屋があり、順子さんは西端の両親の部屋で、口や手足を粘着テープで縛られた状態で発見されており、首右側には数カ所の刺された傷があった（遺体が見つかったのは両親の部屋だが、刺されてから移動した形跡があり、刺されたのは順子さんの部屋と考えられている）。

実は殺害された順子さんは、この日の2日後に10カ月間の留学のため、米国シアトルへと飛び立つ予定であった。そのため、その日も自宅で渡米の準備をしていたのである。

中学生時代から英語の成績がよかった順子さんは、江戸川区内の女子高から上智大へと進学し、大学では英語を専攻。入学後には、ボランティアで中学生に英語を教えることもあった。

そして大学卒業後には、マスコミへの就職を考えるなど、聡明な女子大生であったといわれている。そんな順子さんの夢と未来を、何者かが凶行の末に奪い去ったのだ。

決して、未解決のままで済ませてはならない事件だ。それは、事件を担当することになった警視庁の捜査員すべての思いとなっていると言えるだろう。

被害者の父親の熱心な活動で、時効が撤廃された

ここで少し話を変えるが、「平成三大未解決事件」の中で、「柴又・女子大生放火殺人事件」は、他の二つの事件（世田谷一家殺害事件、八王子スーパーナンペイ事件）に比べると、被害者の人数で見れば、やや異色と言えるかもしれない。つまり、同じ残忍な凶悪犯罪ではあるが、殺害された被害者は1人だということである。

世田谷では一家4人が殺され、スーパーナンペイ事件では3人が射殺された。この二つの事件は凶悪性では他に類を見ないほどであり、日本の警察としても「なんとしても解決しなければならない事件」として真っ先に挙げられることに異論はないだろう。

決して事件として軽いというつもりは毛頭ないが、この柴又の事件で殺害されたのは1人だった。1人が殺害された未解決事件というのは実は他にも数多くある。そのため、「三大未解決事件」

として他の2事件と並べることに多少の違和感を抱く人がいたとしても不思議ではない。

それもそのはず、もともと「柴又・女子大生放火殺人事件」は「三大未解決事件」には数えられていなかった。

当初、世田谷、ナンペイ事件と共に「三大未解決事件」として数えられていたのは、オウム真理教に関する一連の事件だった。しかしオウム真理教事件が終結したことで、「柴又・女子大生放火殺人事件」が入ることになる。

東京都内だけでも他に多くの未解決殺人事件が起きている中で、「柴又・女子大生放火殺人事件」が捜査対象として、大きな扱いを受けるのには理由があった。その理由とは、順子さんの父親、小林賢二さんの熱心な活動にあった。その活動による成果こそが、時効の撤廃だったのである。

それまで、犯罪にはすべて時効があった。正確には公訴時効といい、事件が起きてから何年か経てば、たとえ犯人がその後に特定されて捕まえられる状況になっても起訴できないというルールがあったのである。

こういった法的な原則が存在する理由はまず、時間が経つほどに社会的にその犯罪や犯人に対して、処罰しなければならないという感情や、処罰の必要性が薄れていくという点が挙げられる。

何事も「もうこれだけの時間が経ったのだからいいじゃないか」ということはあり得るわけだが、それを犯罪にも当てはめているわけだ。

その他にも、事件から時間が過ぎるほど、その事件に関する証拠が少なくなるということも一般論として語られる。物的な証拠はなくなったり、散逸してしまったりするし、人々の記憶も薄れ、次第に不確かなものになっていく。証言する人もいなくなっていくのである。

そうした中で、捜査を進めることには一定のリスクも伴う。少なくなった証拠で容疑者を特定しようとすれば、無理をすることも出てくる。その結果、冤罪や誤認逮捕を生み出す可能性が高くなるということである。

実際、警察などの捜査当局にとっても、時効はある意味必要な制度であった。時効を迎えるほど解決が長引く事件の捜査というのは、実際に極めて難しい。それに、時効を迎えるほど時間が経っていると、もうできることは少なくなっているというのが本当のところである。

それでも時効があることで、時効を迎えるまでは捜査は続けねばならない。日々新たな事件が起きる中で、そうすることは目の前の事件捜査という仕事の妨げになるという側面もある。効率の悪い仕事に引っ張られ、全体の仕事の成果が少なくなってしまう恐れがあるのだ。

こうした理由により時効は存在するわけで、殺人など最も凶悪で罪が重い犯罪についても最長15年で時効を迎えることになっていた。それが順子さんの父らの活動で、変わることになったのである。「時効は犯人の逃げ得につながる。それでは遺族は報われない」という思いがあったのだ。

順子さんの父は、殺人事件被害者の遺族として、他の未解決事件の被害者の遺族の方々と連携して、共に声を上げ、殺人などの凶悪犯罪の時効の撤廃を訴え続けた。その結果、2010年、刑事訴訟法が改正されることになったのだ。

大半の罪については今も時効が設定されているが、殺人など一部の凶悪犯罪については時効が撤廃されたのである。そして、その時点までに時効を迎えていない過去の事件についても、撤廃が適用されることになった。

そういった活動により、オウム真理教事件の捜査終結後、「柴又3丁目女子大生放火殺人事件」が「三大事件」に数えられることになったのだった。それは何の落ち度もない娘を殺害された父、小林賢二さんの執念による成果とも言えるのではないだろうか。

不審な男に後をつけられていたという情報

さて、ここからこの事件の犯人像に迫っていく。現在に至るまで、「犯人」につながる可能性が最も高いのが、事件前に小林さん宅をじっと見ていたレインコートの男の目撃情報ということになっている。

警視庁捜査一課では、事件発生直後からこの男の特定を第一に優先して、徹底した聞き込み捜査を進めている。こうした聞き込み捜査による情報もあったし、地域住民からも多数の情報が捜

警視庁ではこの事件でも、不審者目撃状況の3D動画を公開している（画像は3D動画の一部）。

査本部に寄せられた。順を追って見ていきたい。

まず、出火直前の午後4時30分過ぎに、レインコートの男に似た男が、小林さん宅付近から、えらく慌てた様子で京成柴又駅方向に走っていったことが目撃情報によって確認されている。他にもこの男ではないかと思われる男が、午後4時頃に小林さん宅から50メートルほどしか離れていない公園付近を柴又駅の方に走っていく姿が目撃されている。

そしてちょうど同じ頃には、レインコートの男ではない中年の男が、小林さん宅をじっと見て立っていたという目撃情報もあった。

不審な男の目撃情報は続く。

午後3時頃、小林さん宅周辺をウロウロしていた男がいた。小林さん宅のすぐ近くの交差点を何度も自転車で行ったり来たりしていた若い男もいた。

京成高砂駅で「柴又3丁目はどこですか？」と聞い

ていた男。この日の昼過ぎに近所の主婦を尾行し、その主婦の家の前でライターをいじっていたという男。事件直後には決して少なくない数の「不審な男」に関する情報が寄せられた。

葛飾区柴又という下町は、昔ながらの地域住民同士のつながりが根強く残っており、そのお陰でこうした不審者が目立つ環境にあった。だからこそ数多くの目撃情報が集まることになる。まだ今のように防犯カメラも整備されていない時代のことだ。

ただし、記憶に基づく証言を辿っていくことにはやはり限界があり、どれも犯人の特定にまでは至らなかった。

さて、犯人を割り出すための捜査には、いくつものルートがある。その一つが、実際に犯行現場やその付近にいた怪しい人物を探り出すというものである。

先ほど紹介した怪しい男の情報というのは、そういった捜査の過程で集められたものである。何者かよくわからないが、とにかく怪しい人物を追う、という方法である。

もう一つは、事件の被害者などの人間関係から、事件を起こしそうな人物を洗い出す作業である。

事件を起こす者、つまり犯人には事件を起こした何らかの理由がある。だからといってもちろん犯罪を起こしていい理由にはならないのだが、金目当てだったり、恨みを晴らすためだったり、カッとなって思わずやってしまったりと、一応の理由があるのである。

たいていの場合、その理由は被害者と犯人の間の人間関係に関わっている。そこで、人間関係から辿っていくという捜査が成り立つわけである。

人間関係というのは、双方向的なものだけではない。つまり、互いに知っている関係だけでなく、片方が一方的に知っている場合も、ある種の人間関係である。

犯人が被害者を一方的に知っているだけの場合、被害者の人間関係から犯人が浮かび上がることはあまりない。被害者がもともと、その犯人のことを認識していないからだ。

この女子大生放火殺人事件での犯人が何者だったかはわからない。わからないから未解決になっているのだが、一つ、犯人像を推測させるような報道も過去にはあった。

順子さんの周辺では、事件前から何かが起こっていたという報道がそれであった。それは事件の10日前のことだったようだ。

深夜に順子さんが、不審な男に後をつけられていたという。それが順子さんを狙うストーカーだったのかは、今も判明していない。一つの推論としては、順子さんをつけ狙う誰かが存在し、順子さんも何らかの危険を感じていた様子があったということである。

当然そうした経緯は、捜査一課でも把握することになるが、事件当日、順子さんは、たった1人で渡米のための準備をしていた。

小林さん一家は4人家族。出火時に父、賢二さんは出張で福島県におり、順子さんのお姉さんは仕事に出ていた。

最後に順子さんと会話を交わしたのは、順子さんの母親となるのだが、このときの時刻は午後3時50分。出かける直前に、順子さんに声をかけた際、順子さんは普段と変わらない様子だったと事件後に話している。

数日前から、何者かが順子さんをつけ狙っていた可能性についてだが、犯人が逮捕されていない以上、事実はもちろんわからない。だが、順子さんが何者かにつけ狙われていると実際に感じていた可能性は、あったとしても決して高いとは言えなかったのではないか。

いずれにせよ、こうした事実から考えられる犯行時間は、最後に順子さんと会話した母親が家を出た午後3時50分から、出火した午後4時40分の間ということになる。

この50分間の間に、一体何が順子さんの身に降りかかったのか。

警視庁捜査一課では初動捜査から、二つの線で犯人を追いかけていくことになった。

なぜ室内を物色したり、盗もうとしなかったのか

ここで、この女子大生放火殺人事件の特徴の一つに触れておきたい。そのためにも他の二つの「三大未解決事件」に少し話を移そうと思う。

世田谷一家殺害事件やスーパーナンペイ事件において、仮にだが、初動捜査の段階で、十分な捜査がなされていなかった側面があったとしたら、どんな点だろう。それは、遺留品などの多さによる「つながり」に少し寄りすぎてしまったところではないか。そこが弊害となり、未解決になってしまったのではないだろうか。

犯人が浮上していない殺人事件を捜査する場合、もちろん現場の状況にもよるのだが、多くのケースでは、通り魔による犯行説と並行して、容疑者と被害者の関係者筋が考えられる。家族、恋人、友人、同僚、取引先や仕事関係者、それまでに被害者周辺で起こっていたトラブルや発生していた問題などのつながりを追う。そうすれば、どこかで容疑者が浮上するという考え方だ。

世田谷一家殺害事件やスーパーナンペイ事件には、現場の状況などから、つながりを追う捜査がやや先行してしまったきらいがあった。そのために、初動捜査の聞き込みが必ずしも十分ではなかったのではないかと、後に指摘されることになる。

だが、女子大生放火殺人事件に関しては違う。容疑者像として、そういった偏りを一切見せずに、初動捜査から「見ず知らずの物盗り」と怨恨の両方を視野に入れて捜査されているのだ。

それこそが、この事件の特徴である。警視庁の捜査には抜かりがなかったと言える反面、それだけ世田谷一家殺害事件やスーパーナンペイ事件と違い、「見ず知らずの物盗り」と怨恨のどちらにも絞りきれなかったと言えてしまうということでもあるのだが……。

一般論であるが、通常、殺人事件の犯行目的で群を抜いて多いのは、金目当てである。例外的に「誰でもよかった」という通り魔などの犯行も確かにあるが、多くは金銭目的。次に男女の痴情のもつれではないだろうか。

この痴情のもつれも、大別すれば怨恨といった理由に含まれるだろう。では、「葛飾区柴又3丁目女子大生放火殺人事件」において、怨恨か金銭目的か、はたまた通り魔的な犯行だったのだろうか。

捜査一課がなかなか決めかねていたのには、もちろん理由がある。それは第一に室内を明確に物色した痕跡や、何かが盗まれた確実な事実があまりにも少なかったのだ。

ただ、その後の捜査でようやく小林さん宅1階の戸棚が物色されていたのが発覚し、そこから旧札の1万円札がなくなっていたことが判明した。そのために、「強盗殺人罪」の罪で捜査することになったのだ。

その旧1万円札は、1986年まで発行されていた聖徳太子の肖像画が印刷された紙幣で、順子さんの父親が1階居間の戸棚の引き出しの中に、記念のために保管していたものであった。

これによって犯人が逮捕されれば、よくて無期懲役、もしくは極刑しかなくなったのである。

極刑とは、いうまでもなく自らの命をもって、罪を償う「死刑」のことである。

こうして罪状としては、裁判にかけられた場合、二度と社会の地を踏むことができない「強盗殺人」の罪で処罰することが可能となった。そのようなわけで、今に至るまで「強盗殺人」で捜査が続けられている。

しかしだからといって、強盗目的で小林さん宅に侵入、たまたま居合わせた順子さんと鉢合わせしてしまったために、突発的に順子さんを殺害し、証拠隠滅のために火をつけた、と推理するには、あまりにも乱暴すぎるだろう。刑事罰としては、強盗殺人が適用できるとしてもだ。

なぜならば、順子さんは2日後に、渡米を控えていた。そのため2階の順子さんの室内には、リュックがあり、その中には日本円や米ドルで10万円以上の現金が入っていた。このリュックに犯人は見向きもしなかった。

わざわざ1階の戸棚を開けなくても、順子さんの部屋の箪笥《たんす》の引き出しを開ければ、通帳なども入っていたというのに、だ。まさか旧1万円札が目的だったとは思えない。

人の命を奪ってまで、金品を奪うのが目的ならば、とにかく手当たり次第、物色するのが普通ではないか。だが、順子さんの室内は物色されていない。それどころか、リュックを開けられた形跡すらなかったのである。

被害者にはストーカーがいたのか

繰り返しになるが、事件が起きたのは、殺害された順子さんが留学に向けて渡米する2日前であった。日本を離れる日を間近に控えたこのタイミング。それは、ただの偶然だったのかもしれない。しかし、それを必然だったかもしれないと考えた捜査も進められる。

事件後の現場検証では、1階の玄関近くにマッチ箱が落ちていたのが見つかった。犯人はこのマッチをすって、2階で順子さんを殺害した後、火を放ったのではないかと考えられている。

このマッチは、犯人が持ってきたものではない。2階にあった仏壇に置いてあったマッチだった。そう、犯人が火をつけるために、持ち込んだものではないのだ。

そのため、一つの推理が生まれることになった。

「犯人は初めから小林さん宅に火をつけることが目的で侵入したのではない。順子さんを殺害後、犯行が発覚するのを恐れて、突発的に小林さん宅にあったマッチで火をつけたのではないか」

という推理だ。これが「物盗り説」を支える唯一の見立てとなるのだが、果たして本当にそうであったのだろうか。

一般的にだが、犯人によっては、途中の職務質問などを警戒し、現地で犯行に使う凶器を調達する者もいる。それは決して珍しいことではない。

現に世田谷一家殺害事件では、殺害に使用された刃物の1本は犯人が自ら持参したものだが、もう1本の包丁、つまり殺害に使われた凶器のうちの1本は、殺害現場にあった包丁だった。

一から綿密に練られた計画を、そこから少しもはみ出ることなく着実に完璧に実行していく。

そういった事件はほとんどない。なぜなら、事件、というより犯罪にはたいていの場合、被害者という相手がいるからだ。

相手がいれば、それだけ不確実な要素が増える。犯人の思惑通りにすべて運ぶことなどないと言っていい。

ましてや、詐欺や汚職などの知能犯罪ならいざしらず、殺人や強盗などの凶悪犯罪である。当然、いくら計画を詰めたところで、現場では大抵の場合、突発的な出来事が連続して起きる。世田谷一家殺害事件でも、仮に犯人が最初から一軒の住宅に侵入して住人を襲うことを考えていたとしても、その襲い方や殺害方法などは入ってみなければわからない。だから犯人は、現場の住宅にあった包丁を使っているのだ。

そのように、犯人が現場で突発的に選択した行動というのは、この柴又の小林さん宅で起きた事件でも見られたことであった。火をつけるマッチを、犯人は現場で調達した。そして、現場に現金はそのまま残されていた。

こうした一連の状況を見ると、一つの疑問がむくむくと湧いてくる。小林さん宅に侵入した犯人は、本当に「物盗り」だったのだろうか。私には現場の状況から、どうしても「流し」、つまり行き当たりばったりの犯行だったとは、どうしても思えないのだ。現場の状況を見ると、小林さん一家とは何の関係もない通りすがりの人物による犯行だったとは考えられない。

では、何が目的だったのか。突き詰めていけば、怨恨説へとつながっていく。ただそれもあくまで推測の域を超えることはできないのだが……。

仮に怨恨であったとしても、必ずしも人間関係のもつれから発生した恨みによるケースばかりではない。ときとして、過度な思い込みが、怨恨へと変貌を遂げることもある。

当初、捜査一課でも、物盗りか怨恨かを天秤にかけながら、その両にらみで捜査を進めていた。しかしその後、怨恨説に重きを置いて捜査が続けられていた時期もあった。

それでも犯人が一向に捜査線上に浮上せず捜査が進展していかないことから、徐々に捜査の軸足を物盗り説に移して、強盗説も視野に入れて捜索することになる。しかし、だからといって、決して怨恨説が消えたわけではなかった。

金銭目的で小林さん宅に侵入し、たまたま居合わせた順子さんを突発的に殺害したにしては、縛って刺した挙句に、火までつける行為はあまりにも過激すぎる。そして何より、目の前にある現金を盗っ人が手すらつけずに、殺人に放火というリスクを負うだろうか、という疑問が残された。

一口に怨恨といっても、その種類は様々だ。

例えば、見ず知らずの相手が一方的に思いを寄せながら、それが怨恨となってしまうこともある。わかりやすい例を挙げれば、人気アイドル。時折、病的なファンが、アイドルに対し、そうした感情を抱くケースがある。

目当てのアイドルは、自分の存在すら認識していないというのに、のめり込みすぎてしまったばかりに精神的に異常を来してしまう。自分の思い描いた勝手な理想像に囚われてしまうのだ。

簡単にいえば周りが見えなくなり、常識的な判断ができなくなる。そして、そのアイドルと誰かとの恋愛沙汰が発覚したり、テレビ画面の中で他の著名人と仲がよさそうに振る舞っていたりすると、「裏切られた」という歪んだ感情を芽生えさせてしまうのである。

そうした人格破綻者は確かに存在するし、しばしば事件にもなっている。

たいていの場合、こうした人格破綻者は、相手はその人のことを微塵も気にかけてもいなければ、存在自体すら知らないという事実を忘れてしまう。自分の勝手な理想像と違う行動をされると、やがて「恨み」にまで変じてしまう。

そのようにして特異な怨恨を抱いていた場合、いくら被害者との接点を洗っても、関係性はなかなか浮上してこない。それはそうだろう。加害者が一方的に思い込んでいるだけだからだ。

過去にも、そうした妄想から生まれた一方的な思いによって起こされた犯行が事件化したことが、現にいくつもある。そうして推測していくと、柴又の女子大生放火殺人事件にはまた別の見方が生まれてくるのではないだろうか。

順子さんはアイドルではないが、一方的な感情を募らせる相手は何もアイドルだけではない。

一般人であっても十分にあり得ることである。世のストーカーとは大半がそうであろう。

果たして、順子さんにストーカーがいたかどうかはわからない。そうした一方的な恋愛感情を持つ異常者が周囲にいたかどうかも確かなことはわかっていない。

だが、先に述べたような現場の状況、犯行の順序などを一つずつ見ていくと、犯人は物盗りなどではなく、初めから殺害自体が目的であった可能性が高いのではないかという推測が成り立つのだ。

前述したように、事件後しばらく経ってからだが、順子さんが不審な男につけ回されていたのではないか、という報道も実際に出たことがある。

大半の殺人事件は、事件が起きてからそう時間をおかないうちに、せいぜい数カ月のうちに容疑者逮捕に至るケースが大半だ。だが、この事件のように、捜査が長引けば、その分だけそれまでの捜査を振り返り、「見立て」に間違いがないか、別の筋書きがあるのではないかと検討し、ときには捜査方針を転換させる機会が自然と出てくるものだ。

この事件でも、殺害された順子さん自身に大きな恨みを買うようなトラブルもないことや、先に説明した現場の状況から、泥棒目的の犯行という線が大きく検討されていたことは間違いない。一方で、順子さん自身を歪んだ目的のために襲ったのではないかという筋書きもまた捨てきれなかった。

ただ、その両方の線を見据えながら捜査を進める中でも、そのときどきでどちらかに軸足を置く必要はある。完全にもう一方の見方を捨てるわけではないが、ある程度統一した方針がなければ組織の仕事は進まない。

そうした中で、当初は物盗りと怨恨の両方をにらみながら捜査が進められ、その後徐々にストーカーを含めた何らかの怨恨説に重きが置かれたが、その後、再び物盗りも視野に入れて捜査されるようになった。そういうことが強く推察できるのである。

「あらゆる可能性を潰していく」というのは、長く続く未解決事件捜査の常識である。何しろ捜査を尽くしても未解決なのである。次に捜査すべきところを探していけば、自ずと「あらゆる可能性を潰す」ことになっていくのである。

容疑者がいればDNA型鑑定ができる

殺人事件の中で、最も捜査が難しいのは「遺体なき殺人事件」であるといわれている。そんなケースがあるのかと思われるかもしれないが、実際にあるのだ。

例えば、1人の人間が長い間、行方不明になっている。そして、周囲には明確なトラブルが起きていて、その人物を殺害しかねないような人間がいたとする。遺体は見つかっていないが、その人物はすでに殺されている可能性が高い、というような場合である。

こうした事件では、どれだけ状況証拠が揃っていて、警察が容疑者らの逮捕を進めようとしても、検察が難色を示すことがある。「遺体なき殺人事件」で、何よりネックとなるのは「もしも死んだと思われていた人間が、実は生存していたらどうするのだ」という問題である。それが大きな壁となって立ち塞がるのである。

つまり、殺人という犯罪の結果必ず生じるはずの誰かの遺体がないのに、人が殺されたという事実を説明できるのか、ということである。

状況証拠を丁寧に積み重ね、動かぬ証拠に基づいて、推認により公判の維持が可能と判断することにはリスクがあるのだ。判決を言い渡し、服役させた後に、殺されたとされる被害者がひょっこり現れてしまったりすれば、裁判制度そのものを根底から覆す可能性さえ発生しかねない。

そのため、「遺体なき殺人事件」を扱う場合、大抵は殺人や死体遺棄といった罪状ではなく、容疑者の別の犯罪を探し出し、まず別件で逮捕するなりしてから、いよいよ本来の目的である殺人について聴取することになる場合が多い。そこで、まだ見つかっていない遺体の場所を供述すれば、それは即、犯人もしくは共犯者しか知り得ない「秘密の暴露」となり、捜査の決め手になるからだ。

だが、逆にいえばそこでしらばっくれられては、警察としては大変困ることになる。このようなケースで、おそらく殺人が行われていながら、逮捕という形で立件されず、捜査側も涙をのみつつあきらめた事件がこれまで一体いくつあっただろうか。

そうした「遺体なき殺人事件」に比べれば……という比較にはあまり意味はないかもしれないが、遺体が発見されたことが捜査の出発点である大半の事件では、もう少し容疑者につながるような証拠を積み上げることができるものである。

まずは現場がそこにある。現場があれば、そこには遺留物があり、殺害行為を語る状況が存在する。それらはすべて犯人の「残り香」のようなものであろう。そこに犯人がいたことを示すものであり、仮に犯人に直結することがなかったとしても、犯人に辿り着くための捜査を進める上で、大きな手がかりになる。

だが、現場に多くの証拠が残っていたからといって、犯人に容易に辿り着くことができるかといえば、必ずしもそうではない。世田谷一家殺害事件やスーパーナンペイ事件のように、遺体は無論のこと遺留品や指紋なども採取できていても、犯人に辿り着くことができずに迷宮入りしてしまうケースもある。

この柴又の女子大生放火殺人事件も同じである。実は、小林さん一家の誰とも型が一致しない血液が検出されていた。その血液は、火をつけた際に使用したと思われる1階玄関先に落ちていたマッチ箱から検出されていた。

それが判明したとき、その血液は「おそらく犯人のものだろう」というレベルでしか考えられていなかった。だが、その後の捜査で、2階で殺害された順子さんの遺体にかぶせられていた布団にも、微量の血液がついていたことが判明する。

そして、のちに導入された最新技術で検出鑑定したところ、この布団から採取された微量の血液とマッチ箱から検出された血液は、同じDNA型であったことが証明されたのであった。

ここに至って、警視庁は「犯人のもの」と断定することになった。鑑定の結果、犯人は血液型がA型の男というところまで辿り着いたのだ。

つまり世田谷一家殺害事件と同様に、容疑者として浮上してきた人物がいれば、その人物のDNAを採取し、即座に鑑定へとかけて一致するかどうかを判別できる状態になっているのだ。

しかし、一向に容疑者が捜査線上に浮上してこない。それは即ち、これまでいたずらに書かれた犯人を断定するかのような出版物の内容が、いかに非現実的であるかということを間接的に証明しているのである。

それはそうだろう。少しでも関与の疑いがあれば、警視庁はその人物を徹底的に調べ上げ、身柄を拘束することまではせず、まず、その人物のDNAを何とか入手するだろう。そのDNA型を鑑定にかけることで、その人物がシロかクロかをはっきりさせることができるのだ。

世田谷一家殺害事件でも、世の多くの未解決事件についても、その真相に辿り着いたような見出しと書き方で読者を釣ろうとする悪質な読み物が世にはびこっていることは前にも述べた。確かに、誰も知らない、誰も辿り着けていない犯人を断定したかのような書き方は、読む側を惹きつけられるのだろう。

だが、仮にそのような人物が存在していれば、女子大生放火殺人事件のみならず、世田谷一家殺害事件もスーパーナンペイ事件も未解決のままで、現在に至っていることはあり得ないのではないか。

事件現場の跡地に建つ消防団詰め所に祭られた「順子地蔵」

殺害現場となった小林さん宅は、事件後、焼け落ちたまま捜査の検証などがなされた。検証が終了した後も、しばらくはそのままの状態となっていた。

細い路地の住宅密集地である。焼けたままの家が残り続けることは、治安上も安全上も問題が起きかねない。そのために、小林さん一家はしばらくして、家を撤去したのだった。

日本では、刑事事件の被害者はとことん損をする。犯罪被害者は多くの場合、金銭的な負担を強いられるが、それに対する公的な支援はほとんどない。

見舞金のような制度はないことはないが、奪われたり、盗まれたりしたものに対する金銭的な

順子さんの遺族は自宅だった場所を地元の消防団に寄付し、今では消防団の詰め所となっている。左手前に見えるのが順子地蔵を収めたほこら（2020年8月撮影）

「順子地蔵」。この日も花が供えられていた……（2020年8月撮影）。

補償ではない。小林さんはおそらく、放火により全焼した自宅の撤去も私費で行ったであろう。そして跡地を地元の消防団に寄付し、今では消防団の詰め所となっている。これは、事件を後世に伝え、せめて地域の安全や防犯のために使ってほしいという願いを込め、小林さんが土地を寄付したためである。

事件はときとして、ひょんなことがきっかけで、大きな転換をすることがある。まったく別の場所で起きた万引き事件の犯人が、この柴又の事件の現場に残されたDNAと一致し、容疑者として浮上するということもあり得るのだ。

可能性だけの話をすれば、今後起こりうることをいくらでも挙げることができる。そして、それを単に可能性だけの、推察だけの話とせず、一つずつ証拠を積み上げて、確かな話に持っていこうとするのが警察の捜査である。容易なことではない。

今では、様々な最新技術もある。何より、殺人などの凶悪犯罪の時効は撤廃された。この事件についても、警視庁捜査一課による粘り強い捜査は、今なお続けられている。

今、事件現場の跡地に建つ消防団の詰め所の敷地内には、一体のお地蔵さんが祭られている。事件を決して風化させてはいけないという願いを込め、「順子地蔵」と名づけられている。

順子さんの両親ら、事件の関係者が建てたもので、そこには地蔵の由来となる事件の経緯が書かれた案内板も設置されており、地域の守り神のようになっている。

※

事件の解決、とは一体何であろう。犯人が捕まることであろうか。

きっとそうではない。犯人が捕まり、その事件が一体なぜ起きたのか、犯人はなぜその事件を起こしたのかが明らかになってこそ、解決と言えるのであろう。そうなって初めて、遺族はなぜ自分の家族が殺されることになったのかを知ることができる。

殺された者が生きて戻ってくるわけではない。だが、殺された理由やその経緯すらわからなければ、無念は募るだけだろう。

警察もまた、容疑者逮捕だけでなく、事件の全体像を解明することを目的として捜査を続けている。人の命を奪う殺人という凶悪犯罪を許さず、その無念に沈む遺族の思いに少しでも応えるために。

住宅街の一画にぽつんと建つ一体のお地蔵さん。そこでは、今も順子さんの両親をはじめ、関係者らが事件の解決を願い、手を合わせている。

沖田臥竜（おきた・がりょう）
社会事件から、裏社会、政治、芸能まで、幅広いフィールドで執筆する作家。映像作品の企画、原作、監修なども務める。TVドラマ化された「ムショぼけ」（小学館文庫）、「インフォーマ」（サイゾー）のほか「死に体」（れんが書房新社）、「忘れな草」（サイゾー）、「ムショぼけ2〜陣内宗介まだボケてます〜」（サイゾー）など多数の小説を執筆。

迷宮
「三大未解決事件」と「三つの怪事件」

二〇二〇年九月二〇日　初版第一刷発行
二〇二三年八月二六日　初版第二刷発行

著　者　沖田臥竜
発行者　揖斐　憲
編集協力　高橋聖貴
装　丁　坂本龍司（cyzo inc.）
発行所　株式会社サイゾー
〒一五〇-〇〇四四　東京都渋谷区
円山町二〇-一　新大宗道玄坂上ビル八階
電話 〇三-五七八四-〇七九〇（代表）

印刷・製本　株式会社シナノパブリッシングプレス

ISBN 978-4-86625-135-6 C0036